Wilhelm Clemm

Über Aufgabe und Stellung der klassischen Philologie

Insbesondere ihr Verhältnis zur vergleichenden Sprachwissenschaft

Wilhelm Clemm

Über Aufgabe und Stellung der klassischen Philologie
Insbesondere ihr Verhältnis zur vergleichenden Sprachwissenschaft

ISBN/EAN: 9783743482616

Hergestellt in Europa, USA, Kanada, Australien, Japan

Cover: Foto ©ninafisch / pixelio.de

Manufactured and distributed by brebook publishing software
(www.brebook.com)

Wilhelm Clemm

Über Aufgabe und Stellung der klassischen Philologie

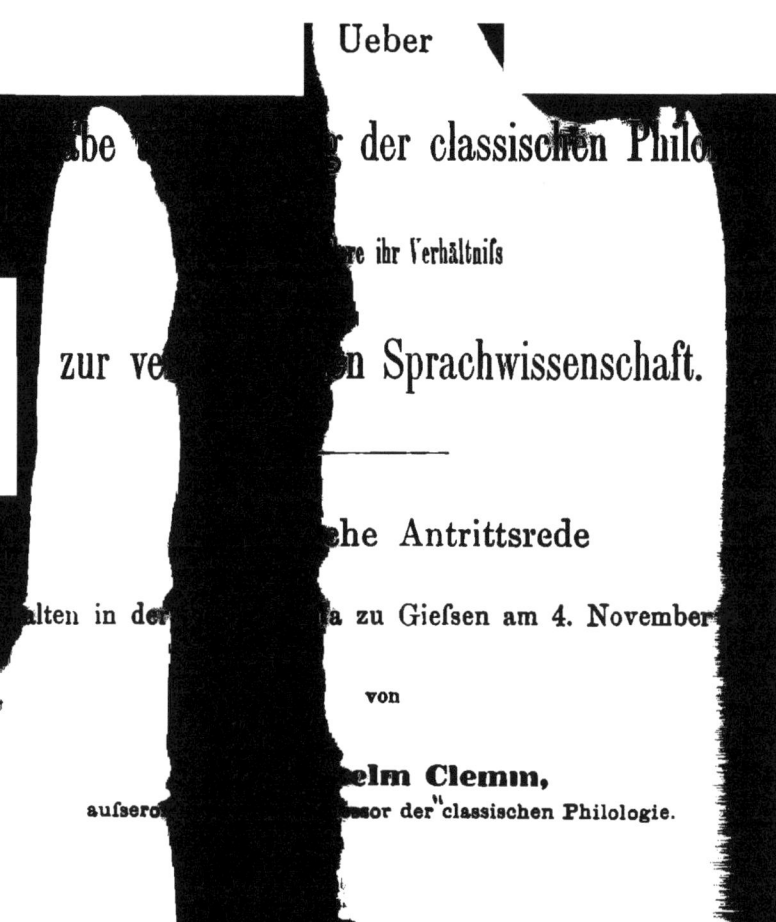

Ueber

...be ...... der classischen Philo[logie]

...re ihr Verhältnifs

zur ve...... ...n Sprachwissenschaft.

...he Antrittsrede

...alten in der ....a zu Giefsen am 4. November...

von

...elm Clemm,

aufsero... ......or der classischen Philologie.

> ... das Studium der griechischen und rö[mischen]
> ...r immerfort die Basis der höheren
> ..."
>
> Göthe, Werke XLIX,

Giefsen.

J. Ricker'sche Buchhandlung.

1872.

Vorbemerkung.

Wenn der Veröffentlichung einer Antrittsrede meist schon das Bedenken entgegensteht, daſs sie Vieles enthält, was bereits von Andern gesagt worden ist, und ihr ganzes Verdienst mithin höchstens in der Auffassung und Darstellung ihres Gegenstandes besteht, so kommt für die vorliegende noch hinzu, daſs ihr Thema besonders weit gefaſst war und sie deshalb von Gedanken zu Gedanken forteilen muſste, ohne die oft wünschenswerthe Ausführung und Motivierung hinzufügen zu können.

Der Grund, weshalb ich mich trotzdem zur Veröffentlichung entschloſs, liegt weniger darin, daſs ich meinen wissenschaftlichen Standpunkt auch auſserhalb des Kreises von Zuhörern, an welche meine Worte gerichtet waren, darlegen möchte, als vielmehr in der Ueberzeugung, daſs selbst manche bekannten Dinge in heutiger Zeit nicht oft genug gesagt werden können und eben nur dann wieder

von Neuem Berücksichtigung finden, wenn sie von
Neuem ausgesprochen werden. Ueberdies glaubte
ich, jenem zweiten Uebelstand durch Hinzufügung
einer Anzahl von Anmerkungen wenigstens bis zu
einem gewissen Grade abhelfen zu können.
Wären diese Blätter auch nur einigermafsen
im Stande, für den Gegenstand anzuregen, dem
sie gewidmet sind, dann könnte ich mich fast
zu dem unbescheidenen Wunsche versteigen, dafs
sie recht viele Leser verschiedener Art finden
möchten!

Giefsen, in den Weihnachtsferien 1871.

W. C.

Grofse Ereignisse der Weltgeschichte, wie sie die jüngste Vergangenheit uns zu erleben vergönnte, pflegen durch die überwältigende Wucht ihres Eindrucks die Interessen aller Zeitgenossen mit sich fortzureifsen, drängen jede Bestrebung des Einzelnen mehr oder minder in den Hintergrund und prägen sich in tiefen, unauslöschlichen Zügen dem Gedächtnifs einer ganzen Generation ein. Wie wäre es auch anders denkbar? werden doch alle, die demselben Gemeinwesen angehören, ohne Unterschied des Alters, des Standes, der Bildung oder des Vermögens direct oder indirect von der Macht der Begebenheiten berührt, welche Staaten in ihren Grundfesten erschüttern und mit eiserner Hand selbst in das Leben der Familie eingreifen; unsere Hoffnungen und Wünsche werden bald erregt, bald durchkreuzt und in andere Richtungen getrieben, kurz — politische Umwälzungen müssen nothwendig das Individuum ergreifen und sind der freiwilligen oder unfreiwilligen Theilnahme aller Mitlebenden gewifs. — Nicht so vollziehen sich die Umwälzungen auf dem Gebiete der Wissenschaft. Hier pflegen einmal bedeutende Revolutionen überhaupt nicht mit der unerwarteten Raschheit aufzutreten wie dort, sondern machen sich mehr allmählich und schrittweise gel-

1

tend, dann aber ist die Zahl derjenigen, welche thätigen
Antheil an der stillen Arbeit des Geistes nehmen, immer
nur eine beschränkte, und nicht sogleich dringen die ge-
wonnenen Ergebnisse aus der engen Studierstube in den
weiteren Kreis der Gebildeten, ja in vielen Fällen mufs
man mit Resignation überhaupt darauf verzichten, dem,
was vielleicht Jahre lange, mühevolle Forschung endlich
gefunden, auch aufserhalb der Fachgenossenschaft Anerkennung zu verschaffen. Freilich befinden sich in dieser
Hinsicht nicht alle Wissenschaften in gleicher Lage, denn
glücklicher als ihre Schwestern sind auch hier wieder die
Naturwissenschaften. Ihre Beziehungen zum täglichen
Leben, mit dem sie durch tausend Fäden verknüpft sind,
haben ihnen eine Popularität gesichert, mit welcher sich
wenigstens das gegenwärtige Interesse für solche Wissensgebiete nicht messen kann, welche jener Beziehungen mehr
entbehren. Diese Popularität den Naturwissenschaften
mifsgönnen zu wollen, wäre eine grofse Undankbarkeit
gegen die vielen geistigen und materiellen Wohlthaten, die
sie der Menschheit erwiesen haben, vielmehr ist es vollkommen begreiflich, wenn jede neue Entdeckung hier mit
Theilnahme aufgenommen, noch mehr aber jede Erfindung,
die dem materiellen Wohl des Einzelnen oder der Gesammtheit dient, mit allgemeinem Interesse begrüfst wird und in
Jedermanns Munde lebt [1]).
    Und doch wäre es ein schwerer Irrthum, wollte man
den Fortschritt auch nur vorwiegend bei denjenigen Wissenschaften suchen, die im unermefslichen Reiche der Natur
den ewig waltenden Gesetzen nachforschen und ihre un-
gebändigten Kräfte in des Menschen Dienst zu bannen
lehren [2]). Nicht minder bedeutend, wenn auch in ihrer
Tragweite weniger allgemein gewürdigt, sind die Fortschritte jener anderen Gruppe von Wissenschaften, welche
nicht sowohl die Natur selbst als den Höhepunkt der natürlichen Welt, den Menschen, in seiner ganzen geistigen

Schöpferkraft und Culturentwickelung, zu ihrem Objekt
haben, *der* Geisteswissenschaften ³) vornehmlich, die wir
jetzt unter dem Namen *Philologie* verstehen. Indem ich
dies ausspreche und von einer Mehrheit von Wissenschaften rede, die eine Collectivbezeichnung zusammenfassen
soll, habe ich schon die bedeutsame Thatsache hervorgehoben, dafs der Begriff der Philologie sich zu einem unge-
ahnten Umfang erweitert hat und heute Wissensgebiete in
sich schliefst, zu deren Bearbeitung früherhin kaum der
Anfang gemacht war. Es ist noch nicht lange her, dafs
man unter Philologie nur die classische verstehen konnte,
aber dieser Begriff ist zu eng geworden, seitdem wir nicht
mehr befangen von einseitiger Bewunderung des Alten erkannt haben, dafs auch die bunte phantasiereiche Welt der
orientalischen Völker, die sinnige und gemüthvolle Weise
unserer germanischen Vorfahren nicht minder wie das auf
den Trümmern des untergegangenen Römerthums zu herr-
licher Blüthe entfaltete Leben der romanischen Völker
würdige Objecte unserer Forschung seien. Wer also heutigen Tages schlechthin von Philologie und Philologen redet,
der bezeichnet ihr Arbeitsfeld nicht näher, als wenn er den
Chemiker oder Physiker, den Geologen oder Botaniker,
den Mediciner oder Zoologen kurzweg einen Naturforscher
nennt. Denn die Thätigkeit des classischen und orientalischen Philologen, des Germanisten und Romanisten liegen
trotz aller Berührungspunkte weit auseinander; räumlich
getrennt waren die Völker und zeitlich geschieden die Perioden geistiger Höhe, mit denen sie sich zu beschäftigen
haben, nur *ein* Streben hält sie alle zusammen, *ein* Ziel
ist aller Philologie gemeinsam : das Seelenleben der Völker in seiner ganzen Innerlichkeit zu erfassen und den
Zusammenhang ihrer Cultur durch alle Zeiten zu erhalten.
So aufgefafst ist die Philologie recht eigentlich ein Erzeugnifs der modernen Welt, und diese ihre Universalität sichert
ihr auch eine bedeutende Zukunft, während die einzelnen

Theile längst zu selbständigen Wissenschaften, zu beson=
deren Philologien, geworden sind. Unter diesen allen aber
ist die classische nicht blofs die älteste, sondern sie nimmt
auch ihrem ganzen Inhalt nach die erste Stelle ein und ist
als Wissenschaft am meisten ausgebildet. Von ihr allein
sind die erwärmenden Strahlen ausgegangen, welche die
übrigen philologischen Disciplinen erst zum Leben erweck-
ten; an ihrem Muster und ihrer Methode haben diese sich
gebildet und sind zu dem geworden, was sie heute sind;
mit einem Worte, sie haben sich von blofs sprachlichen
Studien erst zur Philologie erweitert und vertieft.

Denn Philologie — dies sagt schon ihr bedeutungs-
voller Name — ist nun einmal nicht blofses Sprachstudium
sondern umfafst weit mehr, was einer Auffassung gegenüber leider nicht oft genug hervorgehoben werden kann,
die namentlich in Frankreich und England bis zur Stunde
herrscht und nicht selten auch bei unseren. Gebildeten zu
finden ist. Man sollte endlich aufhören, immer nur von
der sprachlichen Bildung zu reden, die unsere auf das
Studium des classischen Alterthums gegründeten Gymnasien gewähren sollten, als ob es sich um ein gewisses Maafs
positiver Sprachkenntnisse handelte, welche die heterogenen
Beschäftigungen des späteren Lebens doch gröfstentheils
wieder verwischen, oder selbst nur um diejenige formale
Durchbildung des Geistes, welche durch das Studium der
alten Sprachen an sich allerdings erzielt wird [4]). Der Gewinn, den dieser Bildungsgang dem Leben bringt, ist doch
ein noch höherer, wenn wirklich auch der Sinn für das
Edle und Schöne durch den Geist der classischen Literatur
geweckt werden und neben der Verstandesübung Gemüth
und Character nicht zu kurz kommen sollen. Schon ein
Blick auf die Geschichte unserer Philologie [5]) zeigt, wie
wenig sie mit blofsem Sprachstudium zu verwechseln sei.
Die ersten italienischen Humanisten, welche in heifsem
Kampfe mit der mittelalterlichen Scholastik die halb ver-

lorenen Schätze des classischen Alterthums dem Dunkel
der Vergessenheit entrissen, mufsten natürlich die Kenntnifs der Sprache vorbereiten, ehe sie die antike Literatur
in ihrem vollen Reichthum der Mit- und Nachwelt zugäng-
lich machen konnten; aber diese immer mächtiger erwachen-
den Studien hatten dann mannigfache Wandlungen durchzumachen. Wir können hier nicht verfolgen, wie sie Anfangs
mit ihrem eigenen Stoffe ringend zu · einer Art gelehrten
Vielwissens wurden, wie dann ein immer tieferes und ein-
dringenderes Verständnifs sich Bahn brach und mit regem
Eifer kritische Köpfe es unternahmen, die Ueberlieferung
auch zu prüfen, Echtes von Unechtem zu scheiden und
die schwer verderbten Texte von den Fehlern zu säubern,
welche die Nachlässigkeit oder Unwissenheit halbgebildeter
Abschreiber verschuldet hatten. Nach den verschiedenen
Strömungen der wissenschaftlichen Beschäftigungen waren
selbst noch in neuerer Zeit die Auffassungen der classischen
Philologie unter den Männern von Fach verschieden.
Bald stellte man eben so ausschliefslich wie das Studium
der Sprache das der Literatur in den Vordergrund und
suchte die Kenntnifs derselben nach Inhalt und Umfang
eifrig zu erwerben; bald wollte man die Philologie als eine
Art historischer Propädeutik ansehen und meinte geradezu,
auf die Uebung eines kritischen und hermeneutischen For-
schungsvermögens das Hauptgewicht legen zu müssen.
Aber solche und ähnliche . theils zu einseitige theils zu
gegenstandlose · Ansichten konnten keinen Bestand haben;
weil sich weder eine Seite des classischen Alterthums los-
getrennt von den übrigen für sich begreifen läfst, noch
Technik und Methode einer Wissenschaft wie der classischen Philologie unabhängig ist von dem Stoff, an dem
sie sich zu bewähren hat. Daher hat sich schon längst
eine andere Auffassung geltend gemacht, angeregt und be-
gründet von Friedrich August Wolf, dem gröfsten
Kenner der antiken Welt seit den Zeiten der Renaissance.

Indem dieser die classische Philologie als „Alterthumswissenschaft" fafste, machte er das Griechen- und Römerthum in seiner Totalität zum Object des Studiums und
legte so den Grund zu einer immer allseitigeren Erfor-
schung und Würdigung der überkommenen Denkmäler.
Wolf gilt mit Recht als der eigentliche Begründer unserer
heutigen classischen Philologie, und in seine Fufstapfen
traten in der Folge eine Reihe der ersten Gelehrten — ich
erinnere nur an Böckh und seine Schule —, die theils
durch strengere Benutzung und Verfolgung der schon vor-
handenen Hilfsmittel die Wissenschaft bereicherten; theils
völlig neue Quellen der Erkenntnifs zu erschliefsen wufsten.
Keine Seite der geistigen Thätigkeit jener beiden Völker
durfte vernachlässigt werden, wenn anders ein treues Ge-
sammtbild ihrer Cultur sich ergeben und es der classischen
Philologie möglich werden sollte, ihre *wissenschaftliche
Aufgabe* in der Reproduction des antiken Lebens durch
Erkenntnifs und Anschauung seiner wesentlichsten Aeufserungen zu lösen [6]).

Die einzelnen Sphären aber, in denen sich das innere
Leben jedes Volkes offenbart, lassen sich in verschiedener
Weise bestimmen und abgrenzen, doch tritt uns eine Reihe
fester Punkte entgegen, um die sich wesentlich die Forschung zu bewegen hat. Aufser der Sprache, auf die wir
noch besonders zurückkommen werden, bezeichnen Glaube
und Religion, Recht und Sitte, Kunst und Wissenschaft
die hauptsächlichsten Seiten, denen sich die Alterthumsstudien mit gleich liebevoller Hingabe und gleich lebendigem Interesse zugewendet haben. Aus jeder dieser einzelnen Sphären haben sich besondere Disciplinen entwickelt,
die ihrerseits allmählich zu solchem Umfange angewachsen
sind, dafs auch hier, wie in jeder anderen Wissenschaft,
das Princip der Arbeitstheilung immer strengere Concentration auf die Einzelfragen fordert, und die Uebersicht
über das Ganze immer schwieriger wird. Die Mythologie

gilt längst nicht mehr blofs als gelehrtes Beiwerk zur Erklärung der Schriftsteller, nicht als Sammlung unterhalten-
der Märchen und Fabeln oder als müfsiges Spiel der Dichter, sondern sie ist die Wissenschaft von den Mythen als
einer Verkörperung des religiösen Bewufstseins auf einer
bestimmten Stufe menschlicher Entwickelung und ein echtes
Erzeugnifs des Volksgeistes. Die Sammlung und Sichtung
des Stoffs, die Erklärung des Einzelnen setzen auch hier
der Forschung immer gröfsere Schwierigkeiten entgegen;
während diese gerade in der Verfolgung jenes unendlich
fein verschlungenen Gewebes von Mythus und Sage ihren
eigenthümlichsten Reiz findet. Was fassen jetzt nicht Alles
die sogenannten „Alterthümer" zusammen? Das gesammte
öffentliche und Privatleben der Alten, ihre Cultus- und
Rechtsgebräuche, Gewohnheiten und Sitten werden hier
abgehandelt, aber jede Seite bietet wieder der Betrachtung so mannigfaltigen und oft nicht leicht zu bewältigen-
den Stoff, dafs immer eingehendere Studien erforderlich
sind, und zusammenfassende quellenmäfsige Darstellung ein-
zelner Partien erst in neuester Zeit gelungen ist. Und
wenn wir nun gar unter Kunst die redende und bildende
verstehen, wie Viel liegt dann nicht in dem einen Namen
ausgesprochen? Die ganze reiche Literatur, in jeder Gat-
tung zu hoher Vollendung gelangt, breitet sich vor uns
aus, und wie durch ein Zauberwort führt uns die Phantasie alle jene unvergänglichen Meisterwerke griechischer Plastik vor Augen, denen auch die fernsten Geschlechter ihre
Bewunderung nicht werden versagen können. Die bildende
Kunst allein hat eine ganz eigene Wissenschaft, die Archäologie, hervorgebracht, die seit ihrer Begründung durch
Winckelmann von Jahr zu Jahr sich erweitert hat und
längst so weit herangewachsen ist, dafs sie nicht mehr blofs
eine Dienerin der classischen Philologie sein will, sondern
gerechten Anspruch auf Anerkennung ihrer Selbständigkeit
erheben durfte [7]).

8

Aber mitten in dieser Fülle der vielseitigsten Anregung und des reichsten Inhalts fehlt doch das einigende Band nicht. Denn alle die verschiedenen Aeufserungen des geistigen Lebens eines Volkes tragen auch wieder das Gepräge der Gemeinsamkeit an sich. Auf der einen Seite tritt uns dasHellenenthum entgegen mit seinem heiteren, unerschöpflichen Kunstsinn und seinem Alles verklärenden Idealismus, der sich nicht blofs in den Erzeugnissen der Poesie und den Werken der bildenden Kunst kund giebt; auf der andern Seite hat das Römerthum mit seiner ernsten Thatkraft und seiner Idee des Staats, in welchem ihm Alles aufgeht, selbst der an griechischen Mustern gebildeten Literatur sein eigenstes Wesen aufgedrückt. Beides zusammen aber verbindet sich wieder zu der höheren Einheit des classischen Alterthums, welches unter den glücklichsten Bedingungen seine Anlagen und Fähigkeiten mit einer Vielseitigkeit, Freiheit und Naturfrische entwickelt und dafür so durchaus mustergiltige Formen gefunden hat, wie dies in seiner Art in keiner anderen Periode der menschlichen Culturgeschichte wieder begegnet. Wenn aber zwischen der Jugendblüthe der Menschheit und der Jugend des Individuums eine unverkennbare Analogie besteht [8]), so dürfen wir nicht ablassen, das, was aus dem classischen Alterthum unvergänglichen Werth hat und längst in unser Fleisch und Blut übergegangen ist, mögen wir dies anerkennen wollen oder nicht, immer wieder zu erwecken und jeder jungen Generation von Neuem einzupflanzen. Das ist die *praktische Aufgabe* [9]) der classischen Philologie nnd in diesem Sinne stehen uns allerdings die griechischen und lateinischen Schriftsteller weniger fern als die Erzeugnisse einer späteren Epoche, die an und für sich nicht minder bedeutend nach Inhalt und Zeit uns sogar näher zu liegen scheinen.

Auf solch breiter Grundlage erwuchs die Alterthumswissenschaft unter sorgsamer Pflege vieler gleichstrebender

Forscher zu einem mächtigen Baum, dessen Wurzeln tief
in den Boden unseres gesammten Geistes- und Gemüths·
lebens geschlagen sind, und dessen Aeste immer weiter
sich ausbreiten und stets neue Blüthen treiben [10]. Sie ist
zugleich eine echt deutsche Wissenschaft, denn während
in einer Zeit, da sie sich ihres heutigen Zieles noch nicht
bewufst war, Frankreich Gelehrte ersten Rangs aufzuweisen hatte, England auf seinen Bentley, jenen genialen
Kritiker, und Holland [11]) auf eine ganze Schule weit berühmter
Philologen stolz sein durfte, war im neunzehnten Jahrhun-
dert Deutschland vornehmlich die Wiege der neu belebten
classischen Studien. Und zweimal waren sie ja hier berufen, einer grofsen geistigen Bewegung den Boden zu
ebenen : das eine Mal war es die Wiedergeburt der Kirche
durch die Reformation, welche sie so wirksam vorbereiten
halfen, das andere Mal war es die zweite grofse Blüthezeit unserer Literatur, welche an die damals mit besonderem Eifer wieder herangezogenen antiken Muster mit aus-
gesprochener Vorliebe anknüpfte. Auch heute wieder stehen wir in einer Zeit, die nicht blofs unserem theuren
Vaterlande zur nationalen Gröfse verholfen hat, sondern
neben der physischen Kraft des deutschen Volkes auch seine
geistige Ueberlegenheit und sittliche Gröfse bewundern ge-
lehrt hat. Wenn aber Niemand zu leugnen vermag, dafs
zu dieser Erziehung wenigstens der gebildeten Elemente
unseres Volks auch die classischen Studien, die ja glücklicher
Weise in unserem höheren Unterrichtswesen [12]) noch einen
hervorragenden Platz behaupten, wesentlichen Antheil
hatten, dann haben sie ihre bildende und sittlichende Kraft
von Neuem glänzend bewährt, und wir dürfen der beruhi-
genden Ueberzeugung leben, dafs sie auch fernerhin trotz
aller Anfechtungen eines flachen Utilismus [13]) das Panier
ihrer idealen Bildung hoch halten werden. Diese Mission
werden ihre Jünger auch im neuen Reiche mit freudiger
Begeisterung zu erfüllen wissen!

Ist so mit wenigen Strichen, wie es die Kürze der
Zeit nicht anders gestattet, die wissenschaftliche und praktische Aufgabe der classischen Philologie bestimmt, so
wird es nicht schwer fallen, zu zeigen, welche *Stellung*
ihr die vorgetragene Auffassung *im Gesammtgebiet der*
Wissenschaften [14]) anweist. Die classische Philologie ist
danach schon durch die Vielseitigkeit ihres Objects besonders berufen, mit den verschiedensten Wissensgebieten in
lebendigen Wechselverkehr zu treten und, bald darbietend
bald empfangend an der deutschen Universität recht
eigentlich die wahre *universitas literarum* zu vermitteln.
Zunächst natürlich reiht sie sich in den Kreis der übrigen
Philologien ein, welche, indem sie gleiche Ziele mit ihr
verfolgen, zwar weniger vielseitig, aber doch in ähnlicher
Richtung. Geist und Gemüth beschäftigen und wesentlich
dieselbe Methode an verwandten Stoffen zur Anwendung
bringen. Der ungemein rasche Aufschwung dieser jüngeren Wissenschaften wäre nicht möglich gewesen, wenn
ihnen die classische Philologie nicht die Früchte Jahrhunderte langer Erfahrung hätte zu Gute kommen lassen.
Weiſs man doch, wie viel ihr die orientalische Philologie
an kritischer Behandlung ihrer Texte [15]) verdankt, und
was von ihr die romanische an strenger und methodischer
Ausbildung ihrer Disciplinen [16]) gelernt hat. Aber auch
der umgekehrte Einfluſs hat stattgefunden, und das Ver-
ständniſs gewisser antiker Schöpfungen hat aus dem Studium ähnlicher Erzeugnisse aus andern Perioden Nutzen
gezogen. Nicht mit Unrecht hat man in dieser Beziehung
auf die Nibelungen hingewiesen, die nicht bloſs an sich
geeignet sind, in das Wesen jeder volksmäſsigen epischen
Poesie einzuführen, sondern auch äuſserlich ähnliche Schick-
sale wie die homerischen Gedichte erlitten haben. Es ist
also nicht Zufall, daſs der Name desselben Gelehrten für
die Kritik beider groſsen Literaturproducte epochemachend
geworden ist [17]). — Alle Philologie aber ist historische

Wissenschaft, und darum reiht sich auch die classische in diesen weiteren Kreis ein. Sie steht zur Universalgeschichte in engster Beziehung, weil sie eine Hauptphase in dem allgemeinen Entwickelungsgang der Menschenbildung repräsentiert. Auf der einen Seite umfaſst sie mehr als die Geschichte, insofern sie eine intensivere Hingabe an ein Volk verlangt und in sein Leben sich gewissermaaſsen wieder hineinleben muſs, ohne darum dessen äuſsere Thaten in ihrer inneren Verkettung auſser Acht lassen zu dürfen, auf der andern umfaſst sie weniger, insofern sie sich auf bestimmte Völker und eine bestimmte Epoche beschränkt [18]).

— In dieser Beziehung scheint ihr Gebiet allerdings etwas recht Abgeschlossenes zu sein; denn die Reiche sind verschwunden und die Völker vom Schauplatz der Geschichte abgetreten, welche einst die Träger dieser hohen Cultur gewesen; über die Trümmer der alten Welt ist mit siegreicher Gewalt das Christenthum hinweggeschritten und hat die Spuren der heidnischen Vergangenheit nur allzu oft vernichtend den neu entstandenen Reichen einen anderen Character verliehen. In der That giebt es keinen gröſseren Gegensatz als den zwischen Heidenthum und Christenthum. Aber hätten auch die classischen Studien der Läuterung unseres religiösen Bewuſstseins nicht den Dienst geleistet, den sie ihr geleistet haben, hätte auch Luther selbst sie nicht angelegentlich empfohlen, und hätte Melanthon nicht auf die altclassische Schulbildung seine evangelische Gelehrsamkeit gegründet, wir würden doch unserer heutigen Theologie, gleichviel welchem Bekenntniſs sie folgt, vor *diesem* Heidenthum keine Befürchtungen zutrauen dürfen. Zwar haben sich bis in die jüngste Zeit wohl in einer Anwandlung von verschwommener Romantik einzelne Stimmen noch im Ernst dafür erheben können, das christlich - germanische Mittelalter an die Stelle des heidnischen Alterthums zu setzen [19]), aber ein offener Blick wird Jeden lehren, daſs selbst die religiösen Anschauungen der Griechen und Römer manche Analogien zu den Wandlungen bieten, welche der christliche Glaube in späteren Perioden hat durchmachen müssen, und dafs sie mithin einen wichtigen Abschnitt in der allgemeinen Religionsgeschichte bilden. Eine monotheistische Tendenz in dem bunt gestalteten Polytheismus bricht immer wieder durch und zeigt uns, wie unbefriedigt jene reich ausgestattete Götterwelt die besseren Geister der Nation gelassen, und wie auch dort nach Zeiten auflösender Skepsis die Ahnung eines einigen, mächtigen Gottes den Zweifler mit unwiderstehlicher Gewalt zu sich zog [20]. — Mit dem Glauben und der sittlichen Würde eines Volks steht aber sein gesellschaftliches Zusammenleben, stehen seine staatlichen und rechtlichen Einrichtungen in nahem Zusammenhang, und damit betreten wir ein Gebiet, wo die classische Philologie der Jurisprudenz die Hand reicht. Wie tief die obersten Grundsätze des heutigen Rechts in dem Boden des römischen Alterthums wurzeln, und wie auch die Zukunft immer wieder aus diesen ersten Quellen wird schöpfen müssen, darüber auch nur ein Wort zu verlieren wäre überflüssig; und kaum bedarf es der Erwähnung, dafs die Markscheiden der Wissenschaft hier schwerlich genau zu ziehen sind. Wohl hat es schon manche Aufgabe gegeben, die Philolog und Jurist in gemeinsamer Arbeit ihrer Lösung entgegengeführt haben, und noch wird es an solchen nicht fehlen, wo der eine ungern der Beihülfe des anderen entbehren wird [21]. — Werden wir hier fort und fort nach Rom gewiesen, so fesselt uns die freieste Aeufserung des Menschengeistes, die Kunst, an Hellas. Kann je die moderne Architektur des steten Zurückgehens auf die griechische Tektonik entrathen, und können ihr die Fortschritte der Archäologie gleichgültig sein, die uns in den Tempel einer Kunst einführt, wo jede Verirrung des Geschmacks wieder gesühnt und geläutert werden kann? Gewifs, hier sind die Bande, welche die Gegenwart mit der Vergangenheit

verknüpfen, unzertrennlich und durch Nichts zu lockern [22]).
— Dasselbe gilt von einer ganz anderen Art der Produc-
tion, die uns von den concreten Erscheinungen der Plastik
und Sculptur, an denen Auge und Herz sich erheben, in
das Reich tiefsinniger Gedanken versetzt. Wir meinen
die speculative Forschung. Auch hier braucht nur daran
erinnert zu werden, dafs Aristoteles für die formale Logik
fast den ganzen Apparat beschafft hat, und es ist gewifs
eine characteristische und bedeutungsvolle Thatsache, dafs
nach Jahrhunderte langer Arbeit hervorragender Geister
gerade jetzt in Deutschland eine Richtung der Philosophie
viele Anhänger zählt, die in ihren Grundlagen sich wieder
mehr an jenen grofsen Denker der Griechen anlehnt [23]).

So sehen wir die classische Philologie mitten im Kreise
der historischen, ästhetischen und speculativen Wissenschaften stehen, mit allen in lebhaftem Austausch begriffen,
mit der einen dies, mit der andern jenes Arbeitsfeld thei-
lend. Diese Wissenschaften sind theils jungen Datums
und haben sich erst unter ihrer Aegide entwickelt wie die
orientalische, germanische und romanische Philologie, theils
sind sie uralt wie Geschichte, Theologie, Jurisprudenz,
Architektur und Philosophie. Nur eine grofse Gruppe von
Wissenschaften giebt es, die keine so lange Geschichte
hinter sich aber eine um so gröfsere Zukunft haben, die
Naturwissenschaften. Diesen scheint doch wohl die classische Philologie fremd gegenüber zu stehen?

Man hat gesagt, dafs auch die naturhistorischen Disciplinen an das Alterthum anknüpften, und es ist gewifs
richtig, dafs besonders die Griechen auch in den Wissenschaften — man denke nur an die Mathematik — für ihre
Zeit Erhebliches geleistet haben. Aber ihr Standpunkt
liegt im Allgemeinen doch so weit hinter den riesigen Fort-
schritten unserer Zeit zurück, dafs ihre Leistungen kaum
mehr als einen historischen Werth beanspruchen können
und nur in der Geschichte der einzelnen Fächer, in die sie

gehören, verzeichnet werden. Wer aber ist Idealist genug, um zu verkennen, dafs der relative, historische Werth einer Sache gegenüber dem absoluten, unmittelbarer Vervollkommnung dienenden zu untergeordnet ist, als dafs er das Band der Verknüpfung zweier sonst gänzlich getrennter Wissensgebiete sein könnte? Das ist es also nicht, was wir suchen. Viel eher läfst es sich hören, wenn man das gesammte Ziel der Philologie und Naturwissenschaft gewissermaafsen unter einen höheren philosophischen Gesichtspunkt zusammengefafst und betont hat, dafs, wie die Welt in zwei Formen, der sinnlichen und nicht sinnlichen, als Natur und Geist in die Erscheinung trete, so auch jene beiden grofsen Wissensgebiete einander nur bedingten und ergänzten, das eine soll nur die Kehrseite des andern sein [24]). Wohl wahr, ein solcher Dualismus läfst sich ja nicht wegleugnen, und es ist ein schönes Ding um jede Einheit, welche Gegensätze versöhnt. Aber die meisten philologischen Disciplinen vertragen nun einmal eine directe Vergleichung mit den naturhistorischen nicht, die ganze Art der Arbeit ist auf beiden Seiten eine zu verschiedene. Dennoch giebt es ein Gebiet, wo alle Philologie sich wie durch ein Medium auch mit der naturwissenschaftlichen Forschung berührt : dies eine Gebiet ist die Sprache.und das Medium die allgemeine Sprachwissenschaft. Das *Verhältnifs der Philologie insbesondere der classischen zu der letzteren* ist es, welches erst in neuester Zeit sich zu klären beginnt, aber auch noch sehr der Aufhellung bedarf.

Die classische Philologie sucht, wie wir sahen, das Alterthum in seinen wesentlichsten Aeufserungen mit gleich eindringender Vertiefung in sie zu umfassen und hat für jede derselben ein besonderes Fach entwickelt wie Literaturgeschichte mit der Metrik, Mythologie, Staats- und Privatalterthümer, Archäologie u. s. w. Aber damit ist der Kreis philologischer Disciplinen durchaus noch nicht geschlossen, es fehlt namentlich eine und gerade die wesent-

lichste, die Grammatik. Die Grammatik hat es mit der
Sprache zu thun, und mit dieser mufs alles philologische
Studium naturgemäfs beginnen, weil sie der unentbehr-
lichste Schlüssel zum Verständnifs jeder fremden Literatur
ist. Aber sie ist noch weit mehr als dies, die Sprache
mufs auch als die unmittelbarste Aeufserung aller geistigen
Thätigkeit gelten, in ihr spiegelt sich treu und untrüglich
Seele und Character eines Volkes wieder. Grofse, ge-
schichtlich bedeutende Völker, die ein reiches Geistesleben
entfaltet haben, zeigen auch in ihrer Sprache eine hohe
Stufe der Vollendung, und nirgends läfst sich diefs besser
erkennen als am Griechischen und Lateinischen. Namentlich Ersteres ist ein in seiner Art so vollkommener Sprach-
typus wie er nicht wieder erreicht werden kann. Schon
diese einfachen Erwägungen lehren, dafs für das Sprachstudium ein Doppeltes gilt : einmal ist die Sprache Mittel
zum Zweck, sodann ist sie Selbstzweck, jede andere Auffassung von philologischem Standpunkt aus ist einseitig
und verfehlt. Man sollte denken, über diese Grundfragen
könnte keine Meinungsverschiedenheit herrschen, und doch
hat es so lange gedauert, bis solche Erkenntnifs sich Bahn
gebrochen, und doch fehlt sie Manchem selbst heute noch.
    Aber auch als Selbstzweck kann die Sprache sehr ver-
schiedener Auffassung und Behandlung unterliegen, je nachdem man eine oder mehrere Sprachen, Bedeutung und Gebrauch der Wortformen oder die Bildung und Flexion
derselben in's Auge fafste. Diese Alternativen aber ent-
halten Gegensätze in sich, die sich erst bei der neusten
Entwickelung der linguistischen Studien herausbilden konnten und in ihrer ganzen Bedeutung gewürdigt werden
müssen. Noch zu Anfang unseres Jahrhunderts war die
wissenschaftliche Kenntnifs des Griechischen und Lateinischen auf einem Standpunkt, der nicht ahnen liefs, nach
welcher Seite sie bald eine gänzliche Umgestaltung erfahren sollte. Während die empirische Grammatik mit

anerkennenswerther Genauigkeit, so weit der damalige
Stand der Textkritik es erlaubte, die Formen gesammelt
hatte, den Gebrauch sorgfältig verzeichnete und in ihrer
Weise zurecht legte, bemächtigte sich auf dem Gebiet der
Syntax eine falsche philosophische Richtung des Stoffs und
suchte mit verhängnifsvollem Scharfsinn der Sprache ihre
logischen Kategorien aufzuzwängen, als ob sie nicht ein
gewordenes Product der Natur und des Geistes, sondern
ein künstlich gemachtes System wäre [25]). Wie war von
da aus ein gesunder Fortschritt möglich, wie sollte frucht-
loses Experimentieren die Formen, oder rein philosophische
Abstraction den Gebrauch erklären, wo die Einsicht in den
Entwickelungsgang menschlicher Rede überhaupt noch
mangelte, und in dieser Hinsicht die ersten Gelehrten fast
in eben so dichter Finsternifs tappten wie die Alten selbst?
Kein Wunder, dafs die classische Philologie sich als eng-
herzige Bewahrerin lang gehegter, eingerosteter Vorstel-
lungen zeigte und in spröder Hartnäckigkeit sich der besseren Einsicht verschlofs, als längst schon die ersten Licht-
strahlen diese trübe Dämmerung zu erhellen begonnen
hatten. Dies war geschehen durch die Begründung der vergleichenden Grammatik. Franz Bopp hatte mit sicherer
Hand die Grundzüge eines Conjugationssystems entworfen,
in dem bereits die meisten und wichtigsten Familienglieder
des von da ab sicher erkannten indogermanischen Sprach-
stammes sich zusammenfanden, und mithin auch das Griechische und Lateinische ihren Platz erhielten. Gleichzeitig
begann Jacob Grimm unter steter Anknüpfung an die
verwandten Idiome das Gebäude der deutschen Grammatik
mit unnachahmlicher Meisterschaft zu errichten, während
Wilhelm von Humboldt's kühner Geist weit über
diese Grenzen hinaus in das labyrinthische Gebiet der allgemeinen Sprachwissenschaft vordrang, zu welcher hier
der erste, sichere Grund gelegt wurde. Jetzt erst fieng

man an zu begreifen, was überhaupt Sprachverwandtschaft
sei, jetzt erst konnte man tiefere Blicke in das Leben der
menschlichen Rede thun und lernte in ihr einen Organismus bewundern, dessen Erkenntnifs für alle Zeiten einen
Wendepunkt in der Geschichte ihrer Wissenschaft bezeichnen wird. Es wäre unmöglich, hier auch nur entfernt
dem Gange der bald auf einen engeren Kreis bald auf die
Allgemeinheit gerichteten Studien zu folgen, die noch jetzt
in gährender Bewegung und lebendigem Drange stets neue
Resultate liefern. Auch für die classischen Sprachen war
eine andere Zeit angebrochen, neue Wege wurden der
Forschung eröffnet, und schon hat die allzeit siegreiche
Kraft der Wahrheit im Grofsen und Ganzen den Widerstand gebrochen, den die träge Gewohnheit traditioneller
Vorurtheile ihr entgegensetzte. — Alle Sprache besteht aus
Form und Bedeutung, Leib und Seele. Nichts war natür-
licher, als dafs man damit begann, die äufseren Formen
aufs Neue zu untersuchen und, indem man sie zergliederte
und analysierte, die einfachsten materiellen Bestandtheile,
die Laute, näher kennen zu lernen. Die frühere Formenlehre hatte davon kaum eine Ahnung und hätte auf ihrem
Wege umkehren müssen, wenn sie zur richtigen Einsicht
gelangen wollte. Man machte sich wenig Sorge über die
Laute und das Wesen ihrer Veränderung, statuierte ohne
Scrupel die absonderlichsten Metamorphosen, liefs ganze
Silben wie auf Commando antreten und wieder verschwin-
den, mifsbrauchte den dehnbaren Begriff der Euphonie zu
den gewagtesten Hypothesen und lehnte sich unbekümmert
an die vagen Theorien der alten griechischen und römischen Nationalgrammatiker an [26]), die von diesen Dingen
ungefähr eben so viel Kenntnifs hatten, wie die alten Phi-
losophen von der Physik der Erde und den Bewegungen
der Himmelskörper. Ganz anders die neue Grammatik.
Sie beobachtete vor Allem scharf die Veränderungen und
Uebergänge der Laute nicht blofs in der Einzelsprache

sondern auch in einer Reihe von verwandten und suchte
daraus für jene wie für diese bestimmte Lautgesetze oder
doch wenigstens charakteristische Lautneigungen zu er-
mitteln, welche zum ersten Male die morphologischen Vorgänge auch einigermaafsen begreifen liefsen [27]. Dadurch
drang man zugleich tiefer in das Wesen der Laute überhaupt ein, über deren Verhältnifs zu den menschlichen
Sprachorganen die vereinte Arbeit der Sprachforscher und
Physiologen seit etwa zwei Decennien so überaus wichtige
Aufschlüsse gebracht hat [28]. Nur auf Grund einer in
dieser Weise wissenschaftlich durchgearbeiteten Lautlehre
konnte dann die Untersuchung über Bildung und Flexion
der Wörter unternommen werden und ist mit wirklichem
Erfolg begonnen worden. Die Analyse der indogermanischen Formen liefs die ablösbaren Bestandtheile zweifellos
als ursprünglich bedeutungsvolle Elemente des Wortkör-
pers erkennen, die zu einem organischen Ganzen ver-
wachsen jedem Wort sein besonderes Gepräge aufdrückten.
Natürlich mufste man möglichst alte Formen zu gewinnen
suchen, weil alle Wörter im Laufe der Zeit an Lautgehalt
einbüfsen. Die neueren Sprachen hätten also nie zu dieser
Erkenntnifs führen und überhaupt nicht die volle Einsicht
in die sprachliche Entwickelung gewähren können [29]. Das
Sanskrit als ältestes Familienglied hatte hier eine besonders
gewichtige Stimme abzugeben, aber es wurde doch in
mancher Beziehung von seinen jüngeren Verwandten über-
troffen. Vor allen zeigt das Griechische durch rhythmischen
Wohlklang und die Harmonie seines Formensystems, die
nirgends deutlicher hervortritt als in dem kunstvollen Bau
seines Verbums, eine Mannichfaltigkeit und sinnliche Fülle
auch begrifflich fein geschiedener Bildungen wie keine
andere Sprache alter und neuer Zeit, und gerade darin
beruht, was leider Unkenntnifs der Sache noch vielfach
übersieht, hauptsächlich der Reiz und das Bildende seines
Studiums. Die Sprache Homers erscheint uns jetzt in

wesentlich anderem Lichte als früher; sonst suchte man
Vieles, was sich der Regel nicht fügen wollte, der dich-
terischen Freiheit aufzubürden, jetzt wissen wir, dafs uns
hier alte und junge Bildungen aus verschiedenen Sprachperio-
den vorliegen, deren Nebeneinanderbestehen eben aus den
eigenthümlichen Schicksalen des homerischen Epos zu erklären ist, sonst schob man Vieles dem Zwang des Me-
trums zu, jetzt ist dieser Einflufs auf ein richtigeres Maafs
zurückgeführt, und wir haben in manchen seltsamen Bildungen verloren geglaubte Uebergangsformen wieder erkannt, die einst wirklich in der Sprache existiert haben
müssen. Genug, Niemand mehr kann heutigen Tages
seinen Homer sprachlich erklären wollen, ohne sich wenigstens mit den Principien der vergleichenden Grammatik
bekannt gemacht zu haben, er müfste denn gerade, was
auch noch geschieht, sich damit begnügen, seine Weisheit
aus Tobias Damm's altehrwürdigem Lexicon zu schöpfen,
wo ihm die nebelhaften Phantasiegebilde rein apriorisch
construierter Urformen auf jeder Seite entgegenstarren [30]).
    Dies führt uns auf einen anderen wichtigen Gewinn,
den die vergleichende Grammatik dadurch brachte, dafs
sie auch die Etymologie aus dem wüsten Chaos subjectiver
Meinungen herausrifs und ihr die Geltung einer wissenschaftlich ausgebildeten Disciplin verschaffte. Wer die
Schwierigkeiten etymologischer Combinationen überhaupt
zu ermessen vermag, wird die Bedeutung dieses Fort-
schritts wohl zu würdigen wissen : jetzt erst war man im
Stande in der Zerlegung und Zergliederung der einzelnen
Wortformen bis zu den letzterreichbaren Elementen aller
Sprache, den Wurzeln [31]), vorzudringen, und, indem man
den viel verschlungenen Wegen und Windungen der Be-
griffsentwickelung nachgieng, den sprachschaffenden Geist
in seinem geheimnifsvollsten Walten zu belauschen. Loh-
nende Aufgaben winken hier überall dem, der sie sucht,
und voll froher Hoffnung auf das zu Erreichende darf der

rastlose Forscher diesen neugesteckten Zielen zustreben. —
Nur mit einem Worte mag daran erinnert werden, dafs,
während die vergleichende Syntax seither noch ein völlig
brach daliegendes Feld war, man neuerdings begonnen hat,
auch die ursprünglichen Functionen der Wortformen und
ihren Gebrauch im Satze näher zu erforschen. Schon sind
wichtige Bausteine zur Aufführung dieses Gebäudes herbei-
geschafft, und tüchtige Kräfte machen sich rüstig ans
Werk.

Aber es ist nicht die wissenschaftliche Erkenntnifs
allein, durch welche auf diese Weise der classischen Philologie neuer Nahrungsstoff zugeführt worden ist, die Umgestaltung einer ihrer wichtigsten Disciplinen hat auch eine
hohe praktische Bedeutung. Die veränderte und geläuterte
Auffasung der Sprache und besonders ihrer Formen konnte
natürlich auf die griechische und lateinische Schulgrammatik nicht ohne Einflufs bleiben, und so manche alte Regel,
die der besser Wissende nur belächeln konnte, mufste
fallen, wenn überhaupt ein Zusammenhang mit der Wissenschaft stattfinden sollte. Wohl galt es hier, vorsichtig
zu Werke zu gehen, nur sichere Resultate durften Aufnahme
finden, und der traditionellen Schulgrammatik durfte ihre
wohl erworbene Berechtigung nicht verkümmert werden [32]),
aber mit gutem Gewissen durfte auch der kundige Lehrer
Manches nicht mehr lehren, was selbst dem denkenden
Schüler unbegreiflich erscheinen mufste und ihm doch bei
wissenschaftlicherer Behandlung näher gebracht werden
konnte. Die griechische Schulgrammatik hat vorläufig ihren
Regenerator gefunden und gewinnt in ihrer neuen Gestalt
von Jahr zu Jahr an Boden allen Hindernissen zum Trotz,
welche ihr von der immer kleiner werdenden Zahl derjenigen bereitet werden, deren eigensinnigem Sträuben man
ein ungeduldiges *Quousque tandem?* zurufen möchte [33]).
Die lateinische harret noch einer Umgestaltung, die den
Forderungen der heutigen Wissenschaft innerhalb der

Grenzen entspricht, welche hier die ungleich schwierigeren
Verhältnisse von Theorie und Praxis ziehen, vielleicht
bringt die nächste Zukunft nach so manchen gescheiterten
Versuchen auch einmal einen besser gelungenen [34]. Jedenfalls sieht diese ganze Frage noch vielfacher Discussion
entgegen, aber, wie sie sich auch gestalten möge, *Eines*
bleibt unumstöfslich sicher, dafs die wissenschaftliche Erkenntnifs, gleichviel in welchem Umfang, auch die Schulgrammatik durchdringen mufs und dem Lehrer gebieterisch
die Pflicht auferlegt, nicht länger den Studien fern zu
bleiben, die ihm allein diese Erkenntnifs verschaffen können. Wenn es aber wahr ist, dafs einerseits das Verständnifs das Erlernen und Behalten fördert, und andererseits
der Einblick in den Organismus der Sprache die Freudig-
keit des Lehrens erhöht, ohne welche überhaupt kein Unterricht gedeiht, so gehört wahrlich wenig Prophetengabe
dazu, um vorauszusehen, dafs in Zukunft diese Studien
immer mehr an Bedeutung und Wichtigkeit gewinnen werden. Hier haben wir in der That einen Punkt, wo Wissenschaft und Praxis sich näher berühren als an irgend
einem andern im ganzen Bereich der classischen Philologie, und nicht mit Unrecht hat man gerade auf diesen
lebendigen Wechselverkehr unsere jungen Gymnasiallehrer
hingewiesen, wenn sie darüber klagen, dafs sie so wenig
von dem, was sie auf der Universität gelernt haben, sogleich und unmittelbar in der Praxis verwerthen können.
Oder erscheinen etwa — abgesehen von allem Andern,
was sich gegen solche Klagen sagen läfst — dem Lehrer
von tiefgehenderer sprachwissenschaftlicher Bildung auch
die elementaren Formen nicht in anderem Lichte und mit
anderem Hintergrund als demjenigen, welchem diese höheren Gesichtspunkte fehlen? Endlich aber — die ganze Art
der Behandlung, die wissenschaftliche Methode, wie sie die
vergleichende Grammatik übt und verlangt, ist so beschaf-
fen, dafs sie offenbar mehr der geistigen Strömung, in der

wir uns gegenwärtig befinden, entspricht als die seitherige. Wenn es in unseren Tagen zum Character echter Wissenschaftlichkeit gehört, die Erscheinungen schärfer und unbefangener zu beobachten, sie nach ihren wesentlichsten Merkmalen zu sichten und mit objectiver Voraussetzungslosigkeit in ihren organischen Zusammenhang einzudringen, so hat gerade die grammatische Analyse der Sprachformen, wie sie an concreten Beispielen sich zeigen und nur an den alten Sprachen sich vollziehen läfst, nicht blofs das Anziehende dieser Studien vermehrt sondern auch ihren bildenden Momenten ein neues hinzugefügt [35]). Gar Manches, was man früher als „unregelmäfsig" ansah, weil man sich die lautlichen Vorgänge nicht erklären konnte, worauf es oft allein zurückzuführen ist, hat sich jetzt anders dargestellt und dient höchstens als scheinbare Ausnahme der Regel zur Bestätigung. Die zahlreichen Abweichungen der Declinationsformen, die erschreckende Menge anomaler Verba im Griechischen, welche sich in der früheren Grammatik durch lange Seiten hinzogen und lediglich mechanischem Auswendiglernen dienten, erscheinen jetzt gröfstentheils in einem Zusammenhange, der es selbst dem Schüler gestattet, sich der Gründe solcher Mannigfaltigkeit mehr bewufst zu werden. Diese Seite sprachlicher Betrachtung war es denn auch thatsächlich nicht, die ein berühmter Naturforscher unserer Tage im Auge hatte, wenn er als Folge grammatischer Studien bei aller Hochachtung vor denselben dennoch eine gewisse Laxheit des Denkens und einen gewissen Grad von Autoritätsglauben meinte beobachtet zu haben [36]).

Doch es ist Zeit einzulenken von einem Wege, der uns durch manches Feld mühevoller Arbeit geführt und uns mehr als eine Perspective auf nahe und entfernte Ziele eröffnet hat, es ist Zeit einzulenken und sich inmitten des erdrückenden Stoffs des Maafses menschlicher Kräfte zu erinnern. Die natürliche Abgrenzung der Gebiete fordert,

dafs Wissenschaften, die trotz aller Berührungspunkte verschiedene Ziele verfolgen, von einander getrennt bleiben.
So hat die allgemeine Sprachwissenschaft mit der Philologie direct Nichts zu schaffen : jener ist alle Sprache als
solche Object, und die wohlklingende Reinheit des griechischen Vocalismus hat am Ende nicht mehr Interesse für
sie als der Schnalzlaut des Hottentotten, diese hat mehr
die Einzelsprache und zwar eines Culturvolkes neben den
übrigen Aeufserungen seines geistigen Lebens zu verfolgen, mit anderen Worten „das Gebiet des allgemeinen
Sprachforschers ist, wie Georg Curtius treffend bemerkt, die Naturseite, das des philologischen, so zu sagen,
die Culturseite [37]." — Auch die vergleichende Sprachwissenschaft im engeren Sinn, so weit sie sich nur auf die
indogermanischen Völker erstreckt, hat ihr eignes Gebiet
und ihre besonderen Aufgaben, deren Lösung ihr allein
vorbehalten bleibt, und Niemand wird in vermessener
Selbstüberhebung diesen Kreis so leicht zu umfassen
wähnen [38]. Allein sie greift, wie sich zeigte, doch so tief
in die Grammatik der classischen Sprachen ein, dafs es
keinem Philologen, namentlich wenn er diese Seite seiner
Wissenschaft sich zum Arbeitsfelde ausersehen hat, künftig
mehr gleichgültig sein darf, welche Schätze der bisweilen
noch immer über die Achsel angesehene Sprachvergleicher
aus dem Schachte seines Wissens zu Tage fördert. Schon
längst hat sich ja auch auf der andern Seite das Bedürfnifs wechselseitigen Austausches eingestellt und ist zu einer
reichen Quelle der Anregung und Förderung geworden.
Wie konnte z. B. an der vergleichenden Grammatik die
fundamentale Umgestaltung spurlos vorübergehen, welche
die gesammte Geschichte des älteren Lateins in den letzten
Jahrzehnten erfahren hat? Die Reconstruction der nächst
verwandten altitalischen Dialecte, des Umbrischen und Os-
kischen, aus den spärlichen Trümmern der verstümmelten
Denkmäler, die glücklich begonnene Wiederherstellung des

Plautustextes, des ältesten uns erhaltenen lateinischen Dich-
ters, endlich die Begründung einer ganz neuen Disciplin,
der Epigraphik, sind drei Momente, die nach den verschiedensten Seiten hin neue ungeahnte Aufschlüsse gebracht
haben und so folgenreich gewesen sind, wie nur irgend
eine neue Entdeckung für die Wissenschaft sein kann.
Mit den sprachlichen Ergebnissen dieser Studien aber ist
Friedrich Ritschl's Name besonders eng verknüpft [39]).
Die Fülle belehrender Thatsachen, die sein Scharfsinn ans
Licht gezogen hat, begegnet dem Forscher auf Schritt und
Tritt und zeigt ihm, dafs es eine Menge von Fragen giebt,
über die aus rein sprachwissenschaftlichem Gesichtspunkt
eine Entscheidung nimmermehr gelingen kann [40]). Das
glückliche Zusammenwirken der historisch-kritischen und
der historisch-comparativen Grammatik hat hier schon zu
viel schöne Früchte getragen, als dafs es nicht die zuver-
sichtliche Hoffnung in uns erwecken sollte, es werde dieser
Gegensatz, der leider zuweilen mehr künstlich genährt
wird als wirklich vorhanden ist, sich mehr und mehr seinem Ausgleiche nahen [41]).

Diese Betrachtung ergiebt aber zum Schlufs noch ein
Weiteres : die Nothwendigkeit nämlich, die Vermittelung
dieser Studien hinfürder nicht mehr den Orientalisten oder
den Vertretern der allgemeinen Sprachwissenschaft allein
zu überlassen, die doch der einen Seite immer nur fremd
gegenüber stehen, sondern gerade vom Standpunkt der
classischen Philologie aus in diesem Sinne zu wirken. Freilich ist diese Aufgabe schwer, sehr schwer, und Niemand ist
im Stande, zu sagen, wie weit man über die eine oder die
andere Grenze hinausgehen darf; Neigung, richtiger Takt
und individuelle Begabung müssen hier das Ihrige thun. Aber
dafs diese Richtung versucht werden mufs, und mit welchem Erfolg sie versucht worden ist, kann uns täglich ein
Blick auf die Entwickelung der Wissenschaft lehren. Georg
Curtius gebührt das Verdienst, diese Aufgabe zuerst und

am Klarsten erkannt und verfolgt zu haben [42]), für sie
werde auch ich einsetzen, was ich dafür einzusetzen habe.
Wenn ich aber nur im weitesten Rahmen und mit flüchtigen Zügen Ihnen die Umrisse des Bildes zu entwerfen
versuchte, welches den heutigen Stand der Philologie im
Kreise der gesammten Wissenschaft darstellt, so fühle ich
wohl, wie fast jeder Satz, den ich gesprochen, der nähe-
ren Ausführung werth und bedürftig gewesen wäre, aber
es galt mir darum, nicht blofs meine besondere Studienrich-
tung und zukünftige Wirksamkeit damit zu characterisieren
sondern auch zu zeigen, wie sie sich dem grofsen Ganzen
einreiht, dem ja jede Einzelbestrebung zu dienen hat.
Nichts kann meine Bemühungen an dieser Universität wirk-
samer fördern, als wenn Sie mir alle, Lehrende und Ler-
nende, Ihre wohlwollende Theilnahme, deren ich mich
seither in so hohem Maafse zu erfreuen hatte, auch ferner
nicht versagen wollten. Darum möchte ich Sie bitten!

Anmerkungen.

―――

[1]) Daſs die Naturwissenschaften, besonders die physikalischen, abgesehen von den berührten Vorzügen auch ihren besonderen bildenden Werth haben, versteht sich von selbst. Ihre Leistungsfähigkeit vornehmlich als formales Bildungsmittel erörtert **Alex. Naumann** 'über die Bedeutung der Naturwissenschaft als Unterrichtsgegenstand' in dem 13. Bericht der Oberhess. Gesellsch. f. Natur- und Heilkunde, Gieſsen 1869, S. 77 ff., wo man die bis dahin erschienene Literatur über diesen Gegenstand verzeichnet findet. Manchen dahin zielenden Gedanken bietet auch H. **Helmholtz** 'über das Ziel und die Fortschritte der Naturwissenschaft' in seinen populären wissensch. Vorträgen II (Braunschw. 1871) S. 183—211. Zweierlei hat man aber auch nach dieser Seite hin zu beobachten : einmal sich zu hüten vor jener unklaren Verwechselung des an sich Wissenswürdigen und des wahrhaft Bildenden, welche oft zu den ausschweifendsten Ansprüchen an unsere Jugenderziehung verleitet, sodann vor einseitiger Ueberschätzung selbst jener formalen Bildung, welche durch die Naturwissenschaften erreicht wird. Wenn die menschlichen Dinge sich jemals auf die strenge ausnahmslose Gesetzmäſsigkeit zurückführen lieſsen, deren selbstredende Evidenz uns eine unerbittliche Logik deutlicher zu Gemüth führt als alle Theorie; wenn das, was unser Leben bewegt, nur Kräfte der Natur wären, vor deren Unfehlbarkeit wir uns einfach zu beugen hätten, dann würde diese Schule nicht allein für den künftigen Naturforscher obenan stehen müssen. So aber verlangt das Leben Anderes und Mehr von uns, wir haben nur zu oft mit anderen Factoren zu rechnen und eine andere Art des Denkens und Schlieſseus, der Anschauung und Beobachtung zu üben, die, eben weil sie gewisser Vortheile entbehrt, um so viel schwieriger ist und um so mehr der Uebung bedarf, ganz abgesehen natürlich von Allem dem, was die Naturwissenschaften für unsere Ausbildung und Erziehung überhaupt

nicht leisten können und auch niemals zu leisten beansprucht haben. Vgl. u. Anm. 36.

[2]) Denn nicht die unmittelbare Verwerthbarkeit der Resultate in dem praktischen Leben macht das Wesen der Wissenschaft aus, sondern diese hat um ihrer selbst willen zu schaffen und zu ringen und findet in dem unaufhaltsamen Fortschritt des Erkennens ihren höchsten Triumph. Niemand hat dies freimüthiger und unumwundener bekannt als Helmholtz in seiner trefflichen Rede 'über das Verhältnifs der Naturwissenschaften zur Gesammtheit der Wissenschaften' popul. wissensch. Vortr. I (Braunschw. 1865) S. 26 : „Wer bei der Verfolgung der Wissenschaften nach unmittelbarem praktischen Nutzen jagt, kann ziemlich sicher sein, dafs er vergebens jagen wird. Vollständige Kenntnifs und vollständiges Verständnifs des Waltens der Natur- und Geisteskräfte ist es allein, was die Wissenschaft erstreben kann. Der einzelne Forscher mufs sich belohnt sehen durch die Freude an neuen Entdeckungen, als neuen Siegen des Gedankens über den widerstrebenden Stoff, durch die ästhetische Schönheit, welche ein wohlgeordnetes Gebiet von Kenntnissen gewährt, in welchem geistiger Zusammenhang zwischen allen einzelnen Theilen stattfindet, eines aus dem andern sich entwickelt, und Alles die Spuren der Herrschaft des Geistes zeigt; er mufs sich belohnt sehen durch das Bewufstsein, auch seinerseits zu dem wachsenden Capital des Wissens beigetragen zu haben, auf welchem die Herrschaft der Menschheit über die dem Geiste feindlichen Kräfte beruht."

[3]) Der Name „Geisteswissenschaften" setzt hier den Naturwissenschaften, unter die bei dieser Zweitheilung natürlich auch die Mathematik gehört, die Gesammtheit aller übrigen entgegen und darf, wenn er auch noch weniger eingebürgert ist und von Manchen sogar beanstandet wird, in diesem Falle dennoch als der beste, weil umfassendste, gelten. Helmholtz a. O. 22 f. characterisiert beide Hauptgruppen von Wissenschaften in folgender Weise: „Wenn die Naturwissenschaften die gröfsere Vollendung in der wissenschaftlichen Form voraushaben, so haben die Geisteswissenschaften vor ihnen voraus, dafs sie einen reicheren, dem Interesse des Menschen und seinem Gefühle näher liegenden Stoff zu behandeln haben, nämlich den menschlichen Geist selbst in seinen verschiedenen Trieben und Thätigkeiten. Sie haben die höhere und schwerere Aufgabe, aber es ist klar, dafs ihnen das Beispiel derjenigen Zweige des Wissens nicht verloren gehen darf, welche des leichter zu bezwingenden Stoffes wegen in formaler Beziehung weiter vorgeschritten sind." Auch erkennt Helmholtz a. O. 10 an, „dafs die Geisteswissenschaften sich ganz direct mit den theuersten Interessen des menschlichen Geistes und mit den durch ihn in die Welt eingeführten Ordnungen befassen, die Naturwissenschaften dagegen mit äufserem, gleichgültigem Stoff, den wir scheinbar nur des praktischen Nutzens wegen nicht umgehen können,

der aber vielleicht kein unmittelbares Interesse für die Bildung des Geistes zu haben scheinen könnte."

⁴) Dafs die alten Sprachen schon an sich ganz vorzüglich geeignet sind, eine solche formale Bildung nach den verschiedensten Richtungen hin zu gewähren, ist noch von Niemand bezweifelt und im Einzelnen öfters erörtert worden. Wie aber .die übrigen Seiten des classischen Alterthums schärfer und tiefer gefafst werden können und (z. B. seine Geschichte) tiefer gefafst worden sind, so auch die sprachliche. Einige hierauf bezügliche Bemerkungen giebt Schweizer-Sidler 'die formale Bildung durch die antiken classischen Sprachen' Jahrb. f. Philol. und Pädagogik 97 (1868) S. 11 ff., Anderes kommt in diesen Anmerkungen zur Erörterung. Schweizer wirft schliefslich noch die Frage auf, ob all dieser Gewinn nicht auch durch den Unterricht im Deutschen und etwa anderen modernen Sprachen geboten werde, und äufsert sich darüber folgendermaafsen : „Einmal ist uns unsere Muttersprache bekannt und fremd zugleich, und das Fremde daran interessiert zunächst nicht, es interessiert uns erst dann, wenn wir vergleichen können. Anderseits ist zwar das Deutsche Original, und die Grundlage der antiken Sprachen ist auch die seinige, aber selbst in dessen ältesten Formen ist diese Grundlage nur theilweise noch erkennbar. Erst auf dem Grunde des vollkommenen Reichthums gewinnt das Deutsche Klarheit, Schärfe und Tiefe. Noch weniger gewinnen wir so Grofses z. B. aus den romanischen Sprachen. Die alten Formen sind zerschellt, die Entwickelung der Anschauungen ist abgebrochen und oft ganz zerstört. Natürlich sind diese Sprachen im höchsten Grade auch als pädagogisches Mittel unserer Beachtung werth — von der Literatur und dem praktischen Nutzen sprechen wir nicht —, aber formend im tieferen Sinne des Wortes wirken sie in der Schule nur, wenn der Unterricht in ihnen auf die antiken basiert, wenn sie mit diesen innerlich verglichen werden."

⁵) Je reicher, interessanter und wichtiger die Geschichte der Philologie ist, um so mehr ist es zu bedauern, dafs sie noch immer keinen Geschichtschreiber gefunden hat. Nur einzelne werthvolle Beiträge oder kurze Skizzen des Ganzen liegen vor, aus neuerer Zeit solche z. B. von C. Hirzel 'Grundzüge zu einer Geschichte der classischen Philologie, Tübingen 1862' und von O. Jahn 'Bedeutung und Stellung der Alterthumsstudien in Deutschland' zuerst in den Preuſs. Jahrb. IV (1859), dann umgearbeitet in den populären Aufsätzen 'Aus der Alterthumswissenschaft, Bonn 1868' S. 1—51. Nachdem Jahn's Tod uns um die Hoffnung einer Geschichte der classischen Philologie gebracht hat, sind die Blicke der Philologen erwartungsvoll auf einen Mann gerichtet, der eine so schwierige Aufgabe zu lösen nicht minder berufen wäre. Ob er wohl diese gern gehegte Erwartung erfüllen wird?

⁶) Wie und wo W o l f und B ö c k h ihre Ansichten über die wissenschaftliche Aufgabe und Gliederung der classischen Philologie ausgesprochen haben, ist bekannt genug. Weniger ist in das philologische
Publikum durch die Art ihrer Veröffentlichung die Auffassung gedrungen,
welche der junge 27 jährige F r i e d r i c h R i t s c h l geltend machte in der
Abh. 'über die neueste Entwickelung der Philologie, gelesen in der
philomathischen Gesellschaft zu Breslau am 22. Aug. 1833' (Separat-Ab-
druck aus Brockhaus' Conversations - Lexicon Art. „Philologie"). An
diese Auffassung schliefsen sich die Worte des Textes zunächst an,
und auf sie ist auch sonst noch mehrfach Bezug genommen. Seitdem
ist Vieles über die Aufgabe der classischen Philologie doch meist nach
ihrer praktischen Seite hin geschrieben worden, wovon weiter unten zu
reden ist. Eine populär gehaltene Uebersicht giebt G. C u r t i u s 'über,
die Geschichte und Aufgabe der Philologie. Ein Vortrag. Kiel 1862.'

⁷) Gleichwohl müssen wir uns hüten, diese Selbständigkeit bis zu
einem Grade anzuerkennen, dafs sie, wenn auch nicht eine völlige Schei-
dung, so doch eine unabhängige Gegenüberstellung der Archäologie und
classischen Philologie in sich schliefst. Namentlich hat Ed. G e r h a r d
'hyperboreisch-römische Studien' S. 3—84 und 'Grundzüge der Archäologie,
Berl. 1853' die Archäologie als ein geschlossenes Ganzes („monumentale
Philologie") gefafst, woran sich die Aufsätze von B r a u n im Conversa-
tionslex. der Gegenw. 1, 195 ff. und P r e l l e r 'die wissenschaftl. Behandlung der Archäologie' in der Zeitschr. für Alterthumswissensch. 1845
(jetzt in dessen ausgew. Aufsätzen, Berl. 1864, S. 384 ff.) anschlossen.
Dagegen wies O. J a h n, der ja in seltenem Umfange das Gebiet der classischen Philologie wie der Archäologie beherrschte, in d. Bericht. der sächs.
Ges. d. Wissensch. hist.-phil. Cl. II (1848) 209 ff. auf die Gefahren einer
solchen Gegenüberstellung hin und betonte als inneres Princip der Archäologie den Begriff der bildenden Kunst, die als *eine* Seite des Volksgeistes sich nur mit dessen übrigen Erscheinungen begreifen lasse. Mit
J a h n stimmte in der Hauptsache O v e r b e c k 'über Systematik der Archäologie und Kunst' in der allgem. Monatsschr. f. d. Literatur, Kiel 1853
S. 144 ff. überein, und ebenso hebt B u r s i a n 'archäolog. Kritik und
Hermeneutik' in den Verh. der 21. Versamml. deutsch. Philologen zu
Augsburg (1862) S. 55 ff. den engen Zusammenhang beider Wissensgebiete hervor. Auch Al. C o n z e 'über d. Bedeutung der classischen Archäologie, Wien 1869' bezeichnet S. 11 die Archäologie als „auf der Durch-
kreuzung der classischen Philologie und der allgemeinen Kunstwissen-
schaft liegend", denen sie beiden angehöre. Bemerkenswerth ist hier
noch, um nur an einem Beispiel die engen Beziehungen jener beiden
Wissensgebiete zu erläutern, dafs man in neuester Zeit auch die kritische
Methode, welche die classische Philologie bei Gestaltung und Herstellung
ihrer Texte verfolgt, unmittelbar für die Archäologie verwendet hat und

30

zwar mit glücklichem Erfolg. Vgl. Ad. Michaelis in d. Verhandl. der 25. Vers. deutsch. Philol. zu Halle S. 159 ff., der inzwischen die dort entwickelten Grundsätze auch praktisch durchgeführt hat in seiner, so zu sagen, kritischen Ausgabe des Parthenon unter d. T. 'der Parthenon, Leipzig 1871.'

8) Dieser Gedanke, so natürlich er an sich ist und so nahe er liegt, findet doch immer noch viel zu wenig Beachtung. Warum sollte die geistige Entwickelung des Menschengeschlechts nach anderen Gesetzen verlaufen als die materielle? Der Fortschritt von einfacheren und leichter begreiflichen Verhältnissen zu complicierteren und schwerer verständlichen herrscht hier wie dort, und nicht nur unser äufseres Leben ist viel reicher und vielgestaltiger, unser Interesse zerstreuter geworden, sondern wir haben seitdem auch in einem mehr als tausendjährigen Geistesleben Manches in uns aufgenommen, was nach Form und Inhalt mehr oder minder alle Erzeugnisse neuerer Schöpfung durchdringt und sie der Jugend weit weniger adäquat macht. So ist — um nur eine Seite zu berühren — die Naivität und die reine Menschlichkeit, die man an der antiken Poesie und Kunst zu rühmen pflegt, wahrlich keine eitle Täuschung, sondern gerade das, was uns die Schätze des classischen Alterthums noch nach so langer Zeit so nahe bringt und so theuer macht. Hat dies doch auch unser gröfster Nationaldichter, den man am Wenigsten unklarer Gefühlsschwärmerei zeihen wird, wohl empfunden und unumwunden ausgesprochen. Göthe, Werke XLIX S. 111 sagt u. A.: „Wenn wir uns dem Alterthum gegenüber stellen und es ernstlich in der Absicht anschauen, uns daran zu bilden, so gewinnen wir die Empfindung, als ob wir erst eigentlich zu Menschen würden" und gleich darauf: „Der für dichterische und bildnerische Schöpfungen empfängliche Geist fühlt sich, dem Alterthum gegenüber, in den anmuthigst ideellen Naturzustand versetzt; und noch auf den heutigen Tag haben die homerischen Gesänge die Kraft, uns wenigstens für Augenblicke von der furchtbaren Last zu befreien, welche die Ueberlieferung von mehreren tausend Jahren auf uns gewälzt hat."

9) Ueber die praktische Aufgabe der classischen Philologie besonders in ihrem Verhältnifs zu den Richtungen und Erscheinungen der Zeit ist Vieles geredet und geschrieben worden. Die Philologie hat sich gegen manche ungerechte und unverständige Angriffe zu vertheidigen gehabt, allein sie hat diesen Kampf mit Ehren bestanden. Wer sich auf kürzestem Wege einen Ueberblick davon verschaffen will, wie hoch namentlich in den 40er Jahren die Wogen der Bewegung giengen, mit wie blindem Eifer und unglaublicher Verkehrtheit man auch auf geistigem Gebiete meinte, alles Alte zertrümmern zu müssen, der sehe z. B. die Jahrbücher für Philologie und Pädagogik aus jener Zeit durch, wo sich viele Schriften dieser Art verzeichnet und besprochen finden. Die Geschichte

wird einst diese Kämpfe zu verzeichnen haben, hier möchten wir nur
Einzelnes der Beachtung empfehlen. Von den Reden, die auf Philologen-
versammlungen gehalten worden sind, ist besonders beachtenswerth die
von Fr. G. Welcker 'über die Bedeutung der Philologie' in d. Verhandl. der 4. Versammlg. deutsch. Phil. zu Bonn 1841 S. 42 ff. (wiederholt in
dessen kl. Schr. IV, 1 ff.). Unter den Monographien sind zu nennen
die Schrift von W. Bäumlein 'die Bedeutung der classischen Studien
für eine ideale Bildung, Heilbronn 1849', welche viele gute Gedanken und
manche treffende Bemerkung enthält, sodann die Rede von G. Curtius
'über die Bedeutung des Studiums der classischen Literatur, Prag 1849',
welche in anziehender und lebendiger Darstellung die Schätze antiker
Poesie und Prosa mustert und zu ihrem Studium auffordert. Eine geschichtliche Betrachtung nennt sich das lesenswerthe Buch von W. Herbst
'das classische Alterthum und die Gegenwart, Leipzig 1852', worin der
Verf. eine mehr historische Auffassung des classischen Alterthums, eine
Verbindung der alten besonders der griechischen Geschichte mit der Gegenwart und die Vertiefung jener fordert, daneben aber auch wichtige Fragen
anderer Art anregt, ohne sie freilich immer eingehend genug zu verfolgen.
Erwähnung verdient allenfalls noch die kleine Rede von K. Klein
'die Bedeutung der Humanitätsstudien für den Fortschritt, Mainz 1858'
und in höherem Grade die von L. v. Jan 'über die Bedeutung des
classischen Alterthums für die Gymnasialbildung, Erlangen 1867.'

[10]) Man hat in neuerer Zeit öfters nicht ohne eine Beimischung von
Wehmuth daran erinnert, dafs die Blüthezeit der classischen Philologie
hinter uns läge, dafs ihre Ideale verblafst, ihre Heroen dahin gegangen
seien, und dafs wir nur noch in der Zeit der Epigonen lebten. Aber
hat nicht die Wissenschaft noch Koryphäen, zu denen wir mit Stolz und
Zuversicht unsere Blicke erheben dürfen, hat sie nicht noch Lehrer,
deren Schulen (nicht Schüler) die fruchtbringenden Principien ihrer
Forschung in ihrem Geiste der kommenden Generation zur weitern Vollendung überantworten werden? Auch auf die Gefahren glaubte man
aufmerksam machen zu müssen, die dem gegenwärtigen Entwickelungsgang der Philologie Zersplitterung drohten, diese sei vorzüglich kritisch,
und der Trieb nach dem Grofsen und Ganzen scheine abzusterben. Aber
gesetzt auch, es drohe wirklich einmal von einer einseitigen Richtung Gefahr,
so würden wir uns unbedenklich der Worte Böckh's getrösten, die er
einst in der Sitzung der Berliner Acad. d. Wissensch. vom 5. Juni 1860
(vgl. Monatsber. S. 396 f.) sprach. „Das classische Alterthum selbst,
sagte er, ist unsterblich und wird von keiner Zeitrichtung weggespült
werden. Das Studium desselben hat in den Zeiten des Cartesius und
weiterhin mächtigen Anfeindungen widerstanden und wird auch die
jetzigen überleben, ja in dem Maafse als der Materialismus in der Wissenschaft, über den man jetzt klagt, wachsen sollte, wird man mehr

erkennen, dafs ihm ein Gegengewicht durch eine ideale Bildung gegeben werden müsse. Es wird nur an der Philologie liegen, sich selbst zu helfen, vorzüglich indem sie die Willkür des subjectiven Beliebens durch strenge Methode beschränkt, sich objectiv in den Geist des Alterthums versenkt und dessen geistigen Gehalt erfafst und in Umlauf setzt. Hierzu mögen alle Arbeiten auf diesem Felde mitwirken, die Epigonen und die noch übrig sind vom alten Geschlecht."

[11]) Aber der alte Glanz philologischer Studien in Holland ist längst erblichen und man hat es neuerdings auch dort für nöthig gefunden, auf die Bedeutung derselben wiederholt hinzuweisen. Nach dieser Richtung mögen hier zwei Reden genannt werden, von J. C. G. Boot, *de perpetua philologiae dignitate*, Amstelod. 1851 und von E. J. Kiehl, *de litteris antiquis ad instituendam juventutem retinendis*, Lugd. Batav. 1855, der seinem Vaterland, falls es die Humanitätsstudien vernachlässige, das trübe Prognostikon stellt, es werde dann alsbald mit dem bäurischen Böotien mehr Aehnlichkeit haben als mit Athen. Jetzt kann man sich über den früheren und gegenwärtigen Zustand der Philologie in Holland leicht unterrichten aus Lucian Müller's 'Geschichte der classischen Philologie in den Niederlanden, Leipzig 1869.' Um bei dieser Gelegenheit noch einen flüchtigen Blick auf das benachbarte Belgien zu werfen — denn den gegenwärtigen Stand der classischen Studien in anderen Ländern können wir hier nicht weiter verfolgen —, möge erinnert werden, dafs während auch dort die neuste Discussion der „griechischen Frage" eine bedauerliche Oberflächlichkeit des Urtheils und Verkennung des wesentlichsten Ziels humanistischer Bildung blofs gelegt hat, einsichtsvolle und mannhafte Vorkämpfer derselben, wie Hennebert, die Suprematie und allseitige Nothwendigkeit des classischen Unterrichts mit Wärme betonen. Der Kürze halber vergleiche man das instructive Referat von Imelmann über E. de Laveleye, *la question du Grec et la réforme de l'enseignement moyen*, Bruxelles 1869 in der Zeitschr. f. Gymn. Wes. XXV (1871) S. 538 ff.

[12]) Ohne hier auf die brennenden Fragen unseres höheren Unterrichtswesens, welche sich gegenwärtig zumeist um die Gleichstellung der Realschulen und Gymnasien drehen, irgendwie näher einzugehen, mögen nur in Bezug auf die letzteren einige Bemerkungen ihren Platz finden. Wenn das Gymnasium wirklich der Sitz und die Pflanzstätte humanistischer Bildung — um diesen mit Unrecht geschmähten Ausdruck zu gebrauchen — bleiben soll, so darf ihm Nichts von seinem classisch-philologischen Lehrstoff entzogen worden, im Gegentheil, wenn ein beliebter Vorwurf seiner Gegner die Schwierigkeiten hervorhebt, mit welchen noch in den obersten Classen das Verständnifs der antiken Schriftsteller zu kämpfen hat, so mufs es danach streben, diese Schwierigkeiten mehr und mehr zu überwinden. Aber auch eine Vermehrung des Lehrstoffs,

gleichviel nach welcher Seite, scheint nicht rathsam, weil das Schlimmste
was unsern Jugendunterricht überhaupt treffen kann, eine Zersplitterung
der Kräfte und Zerstreuung der Aufmerksamkeit ist. Danach sind so
manche Zumuthungen berufener und unberufener Pädagogen abzuweisen,
und der Fortschritt ist nur intensiv, nicht extensiv zu erstreben. d. h.
er muſs in der Vertiefung und methodischen Ausbildung des Lehrstoffs nicht
in dessen Erweiterung beruhen. So lange man dem classischen Philologen noch zumuthet, gleichzeitig Lehrer des Deutschen, Französischen,
der Geschichte oder gar der Mathematik und Naturwissenschaften zu
sein, wird der Unterricht auch bei gröſserem Zeitaufwand nicht
so Viel leisten, als wenn jeder einzelne Zweig in den Händen
tüchtiger Fachlehrer ruht, nach dem Grundsatz : ἔρδοι τις ἣν ἕκαστος
εἰδείη τέχνην („ein Jeder treibe das Geschäft, so er versteht!"). Darüber
ist natürlich der Zusammenhang des Ganzen nie auſser Acht zu lassen,
und Lattmann, 'über die Frage der Concentration in den allgemeinen
Schulen, namentlich im Gymnasium, Göttingen 1860' S. 75 f., 103 f.,
200 f. fordert daher „moderner Zerfahrenheit" gegenüber mit Recht für
das Gymnasium Concentration auf das classische Alterthum oder in dem
classischen Alterthum, ohne das Andere innerhalb der nothwendigen
Grenzen zu vernachlässigen. In diesem Sinne mögen Göthe's Worte
verstanden werden, die das Titelblatt dieses Schriftchen's zieren, und in
diesem Sinne mögen die Gymnasien auch fernerhin mit andern Bildungs-
anstalten den edlen Wettkampf um den höchsten Preis unserer Jugenderziehung getrost aufnehmen. Aber freilich, ihr neuester Gegner, Fr.
Schmeding in Langbein's päd. Arch. XIV (1872) 1 ff., scheint es anders
beschlossen zu haben. Denn von dem Richterstuhl Beneke'scher Psychologie herab verurtheilt er nicht nur erbarmungslos das Gymnasium sondern
droht ihm auch noch mit einer Fortsetzung seiner grausamen Studien.
Allein auch wenn der Verfasser nicht vergessen hätte, den Hauptsatz
seiner Deductionen zunächst auf sich selbst anzuwenden, könnte man doch
nicht sagen, daſs er die Zurückweisung derselben seinen Gegnern besonders schwer gemacht hätte. Gewisse Angriffe sind auch eine Apologie.

[13]) Wenn einstmals Lobeck, *pathol. serm. Graeci prolegg.* Lips.
1843 *praef. p. IX* sich bitter über zwei Classen von Widersachern
humanistischer Erziehung beschwert und sie mit beiſsender Satire geiſselt,
so sind wohl heutzutage die einen, die *factio clericalis* (vgl. unten Anm.
19) weniger zu fürchten als jene anderen, die *utilitarii*, nicht wegen des
Gewichtes ihrer Argumente, sondern weil sie den Markt füllen und
manchmal die Stimme besserer Einsicht zu übertönen drohen. Die groſse
Masse derjenigen, welche ihrem Bildungsgang und ihrer Beschäftigung
nach am Wenigsten dazu berufen sind, erlaubt sich gerade die vorlaute-
sten und härtesten Urtheile über Dinge, die allerdings nicht an der groſsen
Heerstraſse ihrer Gedanken und Gefühle liegen aber darum auch durch

34

solche Urtheile Nichts an ihrem Werth verlieren. Bedauernswerther ist es freilich, wenn selbst solche, die ihrem Gymnasialunterricht augenscheinlich Viel verdanken, in ihrem späteren Leben in andere Bahnen gewiesen nicht mehr Selbsterkenntnifs genug besitzen, um dies dankbar zu bekennen.

[14]) Nach dieser Richtung sind besonders zu nennen die inhaltreiche Vorlesung von L. Lange, 'die classische Philologie in ihrer Stellung zum Gesammtgebiet der Wissenschaften und in ihrer inneren Gliederung, Prag 1855' und die schöne Rede von Ernst Curtius, 'das Mittleramt der Philologie' in dessen 'Göttinger Festreden, Berlin 1864 S. 23 ff.'

[15]) Die Ausgaben der ältesten Sanskrittexte besonders der Veden, seit etwa zwei Decennien eifrig begonnen, zeigen deutlich, von welchem Einflufs hier die maafsgebenden Grundsätze der classischen Textkritik gewesen sind, wenn auch im Allgemeinen Geschichte und Stand der Ueberlieferung hier ein anderer ist. Der neuste Herausgeber der Veden Max Müller, *Rig-Veda-Sanhita, translated and explained*. Vol. I (London 1869) preface p. XXVIII äufsert z. B. *various readings to be gathered from a collection of different MSS.*, *now accessible to us, these are none*. Wie viel saure Arbeit wäre uns erspart, wenn auch unsere classischen Autoren so gut überliefert wären, dafs ihre Handschriften höchstens einige Schreibfehler enthielten! In Bezug auf den Zend-Avesta sind, wie schon der neueste Streit zwischen Roth und Spiegel Ztschr. d. deutsch. morgenl. Ges. XXV (1871) S. 1 ff., 297 ff. zeigen kann, die Untersuchungen noch zu wenig abgeschlossen, als dafs bereits feste allgemein anerkannte Grundsätze auch für die Herstellung des Textes gewonnen worden wären. Einstweilen liegen auch hier schon längst gröfsere Ausgaben mit kritischem Apparat vor. Sonst harren noch manche Zweige der orientalischen (wir meinen damit natürlich zunächst der arischen d. h. indo-persischen) Philologie weiterer Bearbeitung. Die nach der *Academy* 1871 Nr. 29 p. 388 zu erwartende vedische Grammatik von Th. Benfey wird, namentlich wenn sie übersichtlicher und praktischer angelegt ist als die früheren Sanskritgrammatiken desselben Verfassers, von hohem Werthe sein. Ebenso wäre ein vollständigerer, auf die neusten Forschungen gestützter Abrifs der indischen Literaturgeschichte nicht blofs für Orientalisten von Fach wünschenswerth.

[16]) Die romanische Philologie ist als solche (d. h. als wirkliche Philologie) noch zu jung, als dafs ihr System in allen Theilen schon so vollständig ausgebildet vorläge, aber in dieser ihrer weiteren Ausbildung wird sie an ihrer älteren classischen Schwester immer eine wesentliche Stütze haben und hat sich derselben auch schon mit Vortheil bedient. So ist im Anschlufs an Bernhardy's 'Encyclopädie der classischen Philologie' ein Versuch zur Systematisirung und Gliederung der

romanischen gemacht worden von C. S a c h s, 'Vorschlag zu einer Encyclopädie der modernen Philologie' in Herrig's Archiv f. d. Studium d.
neuer. Spr. und Lit. Bd. XXIII (1858) S. 1 ff., vgl. auch B e r n h.
S c h m i t z, 'Encyclopädie des philologischen Studiums der neueren
Sprachen (nebst Supplementen), Greifswald 1859—64', wo aber unter
neueren Sprachen nur Französisch und Englisch verstanden wird. Während aber in den Tagen, wo diese Zeilen dem Druck übergeben werden,
der Nestor und Begründer der romanischen Philologie, F r i e d r i c h D i e z
in Bonn, sein 50 jähriges Jubiläum feiert, haben noch immer nicht alle
deutschen Universitäten Lehrstühle dieser neuen Wissenschaft aufzuweisen,
und figurieren leider noch immer als die einzigen Vertreter derselben
die „Lektoren" in den Vorlesungsverzeichnissen im Appendix neben den
Lehrern der freien Künste.

[17]) Nach dem Tode L a c h m a n n's, der selbstverständlich hier gemeint ist, kann wohl kaum ein competenterer Richter über das Verhältnifs der germanischen Philologie zur classischen gefunden werden, als
M o r. Haupt, der beide Wissenschaften — für die Zukunft immer
weniger denkbar — mit gleicher Gründlichkeit beherrscht. Er hat über
den Gewinn, den die deutsche Philologie der classischen gewährt, ge-
handelt in den Berichten d. sächs. Ges. der Wissensch. II (1848) S. 91 ff.

[18]) Wie man im Einzelnen das Verhältnifs von Philologie und Geschichte darstellen will, hängt wesentlich von der Auffassung ab, die
man von den Aufgaben und dem Wesen der Universalgeschichte hat.
Diese kann jedenfalls durch die wachsenden Fortschritte der Philologie
nur gewinnen, denn es „mag, sagt R i t s c h l a. O. S. 3, die Historie un-
besorgt sein um die scheinbar immer weiter greifende Verengerung ihrer
Grenzen, selbst wenn mit der Zeit das Bedürfnifs einer germanisch-
mittelalterlichen Philologie — (ist längst eingetreten und erfüllt) — sich regte
und geltend machte. Sie wird fortfahren, in grofsartigen Umrissen das
Walten des Weltgeistes durch alle Räume der Zeiten und Völker hin-
durch zu verfolgen und mit Dank die Resultate erschöpfender Special-
forschung in ihren Zusammenhang aufzunehmen, wie sie die Philologie,
mit concentrierterer Kraft in ein engeres Terrain sich versenkend, ihr
darzubieten in sich Veranlassung findet." Ohne hier den zerstreuten
Meinungsäufserungen und Bemerkungen über diese schwierige Frage z. B.
von M e n z e l, H e r b s t, O n c k e n u. A. weiter nachzugehen, verweisen
wir nur noch auf die Schrift von H. S t e i n t h a l, 'Philologie, Geschichte
und Psychologie in ihren gegenseitigen Beziehungen, Berlin 1864', wo
bes. S. 28 ff. im Anschlufs an B ö c k h's Bestimmungen Manches hierher
gehörige erörtert wird.

[19]) Bis zu welcher Verkehrtheit und Absurdität man in dieser Richtung gelangen kann, davon giebt ein luculentes Exempel eine Schrift betitelt : 'die Griechen und Römer gehören mit ihrer Bildung nur noch

der Geschichte an. Ein zeitgemäfses Wort zur Förderung des vater-
ländischen Wissens und Könnens. Von Dr. Z . . . . n , Nordhausen 1848.' Der Verf. macht hier u. A. Plato und Aristoteles
für die Irrthümer der Scholastiker verantwortlich, macht den Alten Vor-
würfe, dafs sie in verschiedenen Wissenschaften noch nicht so weit
waren wie wir und nimmt ihnen fast übel, dafs sie America noch
nicht entdeckt haben, ihre culturhistorische Bedeutung knüpfe sich nur
an die Gestadeländer des Mittelmeeres, schädige die christliche und
germanische Denkungsart u. s. w. Dabei ist, um nur das Letztere im
Vorübergehen aufzugreifen, natürlich übersehen, wie viele Züge reiner und
edler Vaterlandsliebe das classische Alterthum darbietet, an denen sich die
Jugend jedes Volkes begeistern kann, ohne darum — welch' ein Gedanke! — römisch oder griechisch zu werden. Wohl mögen ähnliche
Züge auch anderwärts und zu anderen Zeiten vorgekommen sein, der
Grund, weshalb gerade die aus dem classischen Alterthum besondere
Anziehungskraft haben, liegt zum Theil darin, dafs dieses selbst der
modernen Welt gegenüber gleichsam antenational und darum international
ist. Zu allen Zeiten haben sich hervorragende Männer verschiedener
Nationen, denen die Gröfse ihres Vaterlandes viel verdankt, noch in
ihrem späteren Leben den classischen Schrifstellern gerne wieder zugewandt, Staatsmänner und Redner so gut wie Könige und Feldherrn, Pitt,
Fox, Gladstone z. B. so gut wie Napoleon oder Friedrich der Grofse. Man
vergleiche über letzteren die interessanten Mittheilungen von Ed. Cauer,
'Friedrich der Grofse und das classische Alterthum (Gratulationsschrift an
Haase), Breslau 1863.' Originell, aber vielfach verschroben sind dann auch
die Ansichten von Bogumil Goltz über 'die Differenzen zwischen dem
antiken und dem christlichen Bildungsprocefs und Princip' in seinem
Buch 'die Bildung und die Gebildeten, 2. Aufl. Berl. 1867' I, S. 188 ff.
Indessen hat es nach dieser Seite hin auch nicht an verständigeren Urtheilen gefehlt. Davon zeugen u. A. die Schrift 'über den Einflufs der
classischen Studien auf sittlich-religiöse Gesinnung, Cassel 1843', freilich
wenig mehr als eine trockene Apologie gegen unbegründete Ver-
dächtigungen, und das Programm von A. Geffers, 'das Alterthum und
das Christenthum in den Gymnasien, Göttingen 1857.' (Vgl. auch Nean-
der, 'über das Verhältnifs der hellenischen Ethik zur christlichen' in d.
deutsch. Zeitschr. f. christl. Wiss. 1850.) Aus vollerem Sachverständnifs
ist geflossen die Rede Schömann's, 'das sittlich-religiöse Verhalten
der Griechen in der Zeit ihrer Blüthe, Greifswald 1848', worin die religiösen Anschauungen der Griechen auch dem Christenthum gegenüber
einer unbefangenen Prüfung unterworfen werden. Als characteristisch
wird hervorgehoben „die Hingabe der Seele an die Natur, aber mit
selbstthätigem Sinn und schöpferischer Phantasie, die die Natur mit
geistigen und sittlichen Kräften belebte, und das Sinnliche nicht als

einen Gegensatz zum Geistigen und einen Abfall von ihm, sondern als
den Leib und die Form ansah, in der allein es sich offenbart, und die
ein getheiltes Reich des Geistigen und des Natürlichen nicht kannte."
Wem aber dabei die Bemerkung nicht genügt, dafs im Alterthum bereits
gewesen sei, was Manche als das Ziel bezeichnet hätten, dem auch die
neueste Zeit entgegengehe, eine individuelle Religiosität, der kann sich
damit trösten, dafs selbst von orthodox-conservativen Principien aus
Herm. Geist, 'die classische und christliche Bildung im Lichte des
Conservatismus, Halle 1866' die erstere für die unmittelbare Voraussetzung
der letzteren erklärt, ja das Alterthum soll nur innerhalb und als ein
Element des Christenthums seine Wahrheit und entsprechende Stellung
finden. Wieder einen andern Standpunkt vertritt Ant. Lutterbeck,
'über die Nothwendigkeit einer Wiedergeburt der Philologie zu deren
wissenschaftlicher Vollendung, Mainz 1848', worin im Anschlufs an E. von
Lassaulx's philologische Schriften und mit einer Polemik gegen die
„naturalistisch-humanistische Ansicht" eine Wiedergeburt des classischen
Alterthums im Sinne einer christlichen d. h. in diesem Falle Baader'schen
Philosophie empfohlen wird. Von mehr praktischem Standpunkt aus berührt manche hierher gehörige Frage Lattmann a. O. 143, 269 ff., wo-
gegen die principiellen Einwendungen Pfitzner's Ztsch. f. G. Wes.
XVI (1862) S. 322 ff. abzulehnen sind. Denn, ohne den christlichen
Unterricht irgendwie zu beeinträchtigen oder gar den hohen Werth der
Religion selbst zu verkennen, verwahrt sich L. doch mit Recht gegen
die Forderungen des κατ' ἐξοχήν sogenannten christlichen Gymnasiums.
Die sittlichen Ideen des classischen Alterthums und des wahren Christenthums sollen sich gegenseitig fördern und stützen.

²⁰) Kundigen Lesern gegenüber glaube ich hier kaum Mifsver-
ständnisse fürchten zu müssen, als ob etwa damit auf ein latentes Juden-
thum oder auch nur auf die Degeneration eines primitiven Monotheismus hingewiesen sei, wie Manche glauben. Wie sehr diese interessante
und wichtige religionsgeschichtliche Frage zu allen Zeiten die Kenner
des Alterthums (vgl. z. B. Hugo Grotius, 'prolegg. ad Stob. p. LIV
sqq. ed. Gaisf.' und die sonstige ältere Literatur in K. F. Hermann's
gottesdienstl. Alterthümern zu § 2) beschäftigt hat, ist bekannt, neuerdings ist sie durch F. G. Welcker's 'Griech. Götterlehre', jenes wieder-
geborenen Hellenen epochemachendes Werk, in ein neues Stadium
getreten. Der Ausdruck „monotheistische Tendenz im Polytheismus" ist
absichtlich gewählt mit F. Preller und Overbeck, 'Beiträge zur Erkenntnifs und Kritik der Zeusreligion', Abhandl. d. philol.-histor. Classe
der kgl. sächs. Ges. d. Wissensch. IV (Leipzig 1865) S. 7. In welcher
Weise dann jener Zug zum Monotheismus bei einzelnen hervorragenden
Geistern späterer Epochen zum Durchbruch kam, kann hier nicht weiter
verfolgt werden.

38

²¹) Was seit Savigny eine Reihe berühmter Juristen, wie Beth-
mann-Hollweg, Böcking, Dirkson, Huschke, Rudorff
u. a. für die classische Philologie geleistet haben und leisten, ist von
derselben ebenso dankbar anerkannt worden, als unsere heutige Rechts-
wissenschaft die Früchte entgegennimmt, welche ihr die historischen Forschungen und kritischen Arbeiten eines Theodor Mommsen darbieten.
Nicht minder sind von diesem Gesichtspunkt aus die neueren Leistungen
auf dem Gebiet der römischen Antiquitäten von W. A. Becker, L. Lange
u. A. zu erwähnen. Noch möchten wir unter den heutigen Juristen eines
Mannes gedenken, der, wenn auch seine Forschungen weniger unmittelbar die Philologie berühren, doch den „Geist des römischen Rechts"
viel tiefer zu erfassen wufste, als es vorher geschehen : Rud. Ihering zu
nennen liegt hier um so näher, als er der Universität, an welcher vor-
stehende Rede gehalten wurde, lange Zeit zur Zierde gereichte.

²²) Auch hier ist die Förderung und Anregung eine wechselseitige
gewesen und das Verständnifs antiker Baukunst hat durch die Studien
neuerer Architekten neues Licht empfangen. Zwar hatte schon die Betrachtung römischer Tempel manche Rückschlüsse auf die griechische
Architektur gestattet, „allein, bemerkt O. Jahn, erst die genaueste Prüfung der Bauwerke Griechenlands, und vornehmlich Attika's, offenbarte
die volle Gröfse und Schönheit dieser bewunderungswürdigen Schöpfung
des griechischen Künstlergeistes, deren volles Verständnifs Karl Bötticher's genialer Blick erschlossen hat." K. Bötticher's 'Tektonik
der Hellenen, 2. A., Berlin 1869' wird daher nach dieser Richtung in
erster Linie genannt werden müssen.

²³) Wenn nach Fr. Ueberweg „inmitten des Kampfes der philosophischen Parteirichtungen für die philosophische Erkenntnifs eine ge-
meinsame Basis theils in der Geschichte der Philosophie, theils in einzelnen zu bleibender Gültigkeit gelangten philosophischen Disciplinen
(wie die Aristotelische Logik) liegt", und Adolf Trendelenburg's
Verdienst eben in dem „Rückgang auf diese gemeinsamen Ausgangspunkte
philosophischer Forschung, der Kritik einseitiger Doctrinen und der un-
ternommenen Reconstruction der Philosophie auf gesichertem Grunde"
beruht, so durfte hier schon aus diesem Grunde die Wichtigkeit der
griechischen Speculation besonders des Aristoteles für die heutige
Wissenschaft nicht übergangen werden. Aber nicht blofs die griechische
Philosophie sondern auch ihre gesammte Literatur hat unmittelbar ihren
Werth für die Philosophie. Dies hat von anderem Standpunkt aus
erörtert F. H. Th. Allihn, 'über die Bedeutung des Studiums des griechischen Alterthums für philosophische Bildung in gegenwärtiger Zeit,
drei Vorträge, Nordhausen 1849,' worin auf den ganzen Reichthum sitt-
licher Anschauungsweise in den griechischen Dichtern, besonders aber
auf die ethischen und ästhetischen Elemente bei Homer hingewiesen wird.

[24]) Eine solche Auffassung ist vorgetragen in einem Aufsatze, betitelt 'Philologie und Naturwissenschaft' in den Preufs. Jahrb. VII, S. 120 ff. (1861), der manche treffenden Bemerkungen enthält. Wie eng dagegen jener andere oben weiter angedeutete Zusammenhang ist, zeigt schon der Streit, ob die Sprachwissenschaft eine Natur- oder eine historische Wissenschaft sei. Die erstere Ansicht wird hauptsächlich vertreten von Max Müller, *lectures on the science of language* I[5] (London 1866) p. 1 ff. und von Aug. Schleicher, 'die deutsche Sprache, Stuttgart 1860 (1869)' S. 117 ff., 'die Darwin'sche Theorie und die Sprachwissenschaft, Weimar 1863','über die Bedeutung der Sprache für die Naturgeschichte des Menschen, Weimar 1865'. Von Seiten der Naturforscher hat es dann nicht an Zustimmung gefehlt, und zwar bis zu dem Grade, dafs z. B. der Zoolog E. Haeckel in seiner Vorrede zu Bleek, 'über den Ursprung der Sprache, Weimar 1868' nur „von der heute noch üblichen Trennung der Philologie (sollte mindestens heifsen : Sprachwissenschaft) von der Naturwissenschaft" reden konnte. Dieser Auffassung gegenüber, welche die Naturseite der Sprache allzu ausschliefslich betont, hat man nicht verfehlt, auf die Momente hin zu weisen, welche die Sprachwissenschaft der historischen Wissenschaft zuzurechnen nöthigen. In diesem Sinn haben sich besonders ausgesprochen H. Steinthal, in seiner schon genannten Schrift : 'Philologie, Geschichte u. Psychologie' S. 19 ff. und der verdienst-volle Amerikaner W. D. Whitney, *language and the study of language,* London 1867 (1868) p. 48 ff.

[25]) Auf dem Gebiet der Formenlehre hat für Sammlung und Sichtung des Materials die ältere Grammatik vortreffliche Leistungen aufzuweisen, die noch bis in die neueste Zeit werthvoll gewesen sind. Hinsichtlich des Griechischen erinnern wir nur an Phil. Buttmann's 'ausführliche griechische Sprachlehre, 2. Aufl. v. Lobeck, 2 Bd. Berlin 1830—39' und an Lobeck's Werke, wo mit staunenswerthem Fleifs und höchster Sorgfalt sowohl einzelne Wortformen als ganze Gruppen verzeichnet und bis in die entlegensten Winkel der Gräcität verfolgt werden. Für das Lateinische genügt es, hier nur Ruddimann's *institutiones linguae Latinae* (ed. Stallbaum. Lips. 1826) und namentlich an Konr. Leop. Schneider's 'ausführliche Grammatik der lat. Sprache, Berlin 1819—21' zu erwähnen, deren Fortsetzung in Fr. Neue's gelehrtem Sammelwerk (Formenlehre der lat. Spr. I Stuttgart 1866, II Mitau 1861) immerhin sehr brauchbaren, wenn auch vorsichtig zu benutzenden Stoff bietet. Aus dem Gebiet der Syntax wäre hier eine lange Reihe von Namen zu nennen, sollte auch nur eine annähernde Skizze der rührigen Forschungen auf diesem Gebiete gegeben werden. Wie weit es hier die berührte philosophische Richtung bringen konnte, zeigen, wenn auch zunächst auf anderem Gebiet K. Ferd. Becker's Schriften; ja wie wenig selbst die hervorragendsten Forscher von rein philosophischer Construction sich

fern hielten, beweisen Gottfried Hermann's und Reisig's grammatische Arbeiten. Unsere heutigen sprachphilosophischen Anschauungen,
wie sie auf dem Gebiete der Syntax z. B. bei der Aufstellung einer
psychologischen Grundbedeutung der Modi zur Geltung kommen, ruhen
auf durchaus anderer Basis und sind nicht etwa ohne Rücksicht auf die
empirische Beobachtung in die Sprache hinein getragen.

[26]) Belege zu diesem Allem findet man in den Schriften der in der
vorigen Anm. genannten Grammatiker in genügender Auswahl und es
ist um so weniger nöthig hier darauf einzugehen, als die früheren Grundsätze der Forschung im Gegensatz zu der heutigen anderwärts öfters
erörtert worden sind. Für das Griechische vergleiche man besonders
G. Curtius in der Einleitung zu seinen 'Grundzügen der griechischen
Etymologie, 3. Aufl. Leipzig 1869.' Dagegen darf hier nicht unerwähnt
bleiben, dafs neuerdings in der Sprachwissenschaft Bestrebungen hervor-
getreten sind, die in mancher Beziehung die Wissenschaft eher zu gefährden
als zu fördern drohen. Nicht allein, dafs man an den Fundamenten zu
rütteln trachtet, auf welche man seit Bopp glaubte weiter bauen zu
können, auch im Einzelnen sind wieder Grundsätze zur Anwendung gebracht worden, die man seither glücklich beseitigt zu haben sich freuen
mochte. So haben nicht nur in letzter Zeit verdienstvolle Gelehrte wie
Fr. Müller, Sitzungsber. d. kais. Acad. d. Wissensch. zu Wien 1870
LXVI, Oct. und Westphal, 'philos.-histor. Gram. d. deutsch. Sprache,
Jena 1869' Einl., 'method. Gram. d. griech. Spr. I, Jena 1870—71',
die seitherige Auffassung der Personalendung als „Agglutinationstheorie"
umstürzen wollen, sondern man operiert auch wieder mit der „Euphonie",
mit „Verbindungs- und Trennungslauten" in einer Weise, als ob die alten
Grammatiker ihre Auferstehung feiern und schrankenloser Willkür von
Neuem Thür und Thor eröffnen sollten. Wo solche Bestrebungen zu
schärferer Bestimmung und Sichtung unzulänglich gewordener Theorien
dienen, können sie nur Vortheil bringen, Nachtheil aber, wo sie von
einer mehr negierenden Skepsis getragen sich damit begnügen, Schwächen
aufzudecken, ohne dafür etwas Besseres bieten zu können. Am Wenigsten scheint es gerechtfertigt, in solchen Fragen mit so selbstgenüg-
samer Bestimmtheit und herausforderndem Raisonnement, wodurch natürlich der Mangel stringenter Argumente nicht ersetzt wird, aufzutreten,
wie dies neuerdings wieder A. Ludwig, 'der Infinitiv im Veda, Prag 1871',
gethan hat. Viel bescheidener und objectiver hat speciell für das Lateinische H. Merguet, 'die Entwickelung der latein. Formenbildung,
Berlin 1870' und 'die Ableitung der Verbalendungen aus Hülfsverben,
ebd. 1871', versucht, manche schwierigen Punkte aufzuklären, wenn es
ihm gleich weder gelungen ist, Bopp's Auffassung der lateinischen
Personalendungen als unhaltbar zu erweisen, noch auch seinerseits eine
halbwegs befriedigende Erklärung an deren Stelle zu setzen. Ein schlech-

ter Trost für die Sprachwissenschaft ist die Wahrnehmung, dafs auch
auf anderen Gebieten, wie in Sachen der höheren und niederen Kritik,
sich gegenwärtig ähnliche Divergenzen der Ansichten selbst in principiellen Fragen zeigen, ein besserer die Erfahrung, dafs aus solchen Krisen
die Wissenschaft noch jedesmal siegreich hervorgegangen ist.

²⁷) Die Beobachtung der Lautgesetze ist nicht immer von allen
Forschern mit gleicher Sorgfalt gehandhabt worden, und grade in dieser
Beziehung standen auf dem Gebiet der indogermanischen Sprachforschung
noch vor nicht langer Zeit zwei Richtungen einander gegenüber, die
sich wechselseitig als die „individualisierende„ und die „synkretistische„
bezeichnet haben. Es sei erlaubt, sie mit den Worten eines Meisters
kurz zu charakterisiren, dessen allzufrüher Hintritt nicht allein im Interesse der Wissenschaft sondern solchen Versuchen gegenüber schmerz-
lich empfunden wird, die, lebte er noch, vielleicht minder zuversichtlich
grade gegen ihn gerichtet werden würden. „Die Anhänger der einen
(Richtung), sagt Schleicher, 'Compend. der vergl. Gram. 3. Aufl. Weimar 1871 S. 15', haben sich strenges Festhalten an den Lautgesetzen
zum Grundsatz gemacht (so G. Curtius in Leipzig, Corssen in
Berlin und der Verf. dieses Compend.), die andere Richtung (Benfey
in Göttingen, Leo Meyer in Dorpat u. A.) glaubt sich durch die bisher
erkannten Lautgesetze bei Deutung und Erklärung der Sprachformen
nicht wesentlich hindern lassen zu dürfen. So ist es den Anhängern
dieser Richtung möglich, Vieles zu deuten, was den Andern dunkel erscheint. Namentlich wird von dieser Seite eine Menge von Stammbil-
dungssuffixen des Indogermanischen auf eine einzige Grundform zurückgeführt. Durch letzteres Verfahren unterscheiden sich ebenfalls die beiden Schulen wesentlich. Die erstere nimmt Vieles als alt und ursprünglich
an, was die zweite nur als Veränderung einer Grund- und Urform gelten
läfst. Die fernere geschichtliche Entwicklung unserer Disciplin wird
zeigen, auf welcher Seite die sichere, wahrhaft wissenschaftliche Grundlage für das künftige Gedeihen der Sprachwissenschaft zu suchen ist.„
Allein dieser Gegensatz hat augenblicklich an Schärfe verloren, nicht
blofs weil die Erkenntnifs, dafs ohne stricte Beobachtung der Lautgesetze
ein gesunder Fortschritt der Sprachwissenschaft nicht möglich sei, mehr
durchgedrungen ist, sondern auch weil die Begriffe von denselben ge-
läuterter geworden sind und einer Verständigung näher führen. Denn
es haben sich inzwischen auch innerhalb jener ersten Richtung gewisse
Divergenzen herausgebildet, insofern man einerseits in starrer Consequenz den Lautgesetzen gleichsam nur die Unfehlbarkeit von Naturgesetzen
vindiciert, andererseits daneben auch den übrigen Factoren ihr volles
Recht widerfahren läfst, welche das Leben der Sprache beherrschen und,
wie das Princip der Deutlichkeit, nicht selten den rein phonetischen
Veränderungen ein Ziel setzen. Die Sprache ist allerdings ein Natur-

organismus, aber zugleich auch ein Product des Menschengeistes, der in ihr mit unbewufster Triebkraft schaltet. Sehr beachtenswerthe Gesichtspunkte nach dieser Seite giebt G. Curtius, 'Bemerkungen über die Tragweite der Lautgesetze, insbesondere im Griechischen und Lateinischen' in d. Bericht. der sächs. Ges. d. Wissensch., histor.-philolog. Class. 1870 S. 1 ff.

[28]) Die Bedeutung der Physiologie für die Sprachforschung konnte schon zu Joh. Müller's Zeiten einem so hellem Blick wie dem Jac. Grimm's nicht entgehen, wenn er auch noch keine ausgedehntere Anwendung davon zu machen im Stande war. Namentlich in seiner 1852 erschienenen Abhandlung „über den Ursprung der Sprache" finden sich bemerkenswerthe Aeufserungen in dieser Beziehung, ja er stellt der Sprachphysiologie bereits sehr schwierige Aufgaben, wenn er (vgl. kl. Schr. I, 267) fragt, „ob es dem Anatom gelänge, in den Sprachorganen solcher Völker, die entschieden harter Gutturale pflegen, oder wie die Slaven schwere Zischlautverbindungen eingeübt haben, äufsere Spuren davon aufzuweisen." Freilich scheint ihm die Erreichung solcher und ähnlicher Ziele noch sehr entfernt zu liegen, denn „die Anatomie, meint er bald darauf, wird noch lange zu lernen haben, ehe sie die Sprachwerkzeuge eines auf der Ebene eingewohnten Norddeutschen von denen eines süddeutschen Alpenhirten unterscheidet." Seitdem ist namentlich von Ernst Brücke durch seine 'Grundzüge der Physiologie und Systematik der Sprachlaute, Wien 1856', sowie durch andere Physiologen wie Merkel, Czermak ein festeres Fundament gelegt worden und die Physiologie in unmittelbare Berührung mit der Sprachwissenschaft getreten. Von philologischer Seite hat sich der Germanist Rud. von Raumer mit besonderem Eifer an diesen Studien betheiligt und gegenwärtig fehlt bereits in keinem bedeutenderen sprachwissenschaftlichen Werke mehr die stete Rücksichtnahme auf die physiologischen Vorgänge bei der Lautbildung und Lautveränderung der Sprache und der Sprachen. Eine ganze Reihe von Vorgängen, zu deren Erklärung früher gar keine oder nur tastende Versuche gemacht worden waren, ist jetzt auf eine einfache und natürliche Ursache zurückgeführt worden, und es ist erhebend zu sehen, wie die immer weiter vordringende Forschung die Richtigkeit des aufgestellten Princip's immer mehr bestätigt. So wären, um nur das nächste und jüngste Beispiel anzuführen, die unter dem Namen „Ersatzdehnung" zusammengefafsten Erscheinungen, welche namentlich im Griechischen die Bildung zahlreicher Flexionsformen bedingen, nimmermehr verständlich geworden, wenn man sich nicht vorher die organische Verschiedenheit der Explosivlaute (sonst nach der Tradition der Alten ἄφωνα, mutae genannt) und der Dauerlaute (sonst ἡμίφωνα, semivocales) klar gemacht hätte. Dazu aber mufste die Physiologie den ersten Anstofs geben und erst, nachdem die Forschungen verschiedener

Sprachgelehrter Schritt für Schritt weiter geführt hatten, konnte es gelingen, die ganze Erscheinung im Zusammenhang und mit Benutzung aller jener Resultate für die einzelne Sprache darzulegen. Vgl. Brugman in Curtius' Studien zur griechischen und lateinischen Grammatik IV (Leipz. 1871) S. 58—189.

[29]) Dafs nichtsdestoweniger auch den neueren Sprachen, namentlich, wenn sie rationell betrieben werden, ein formal bildender Werth zukommt, ist eben so selbstverständlich als es in der Natur der Sache liegt, dafs sie in dieser Beziehung niemals die Leistungsfähigkeit der classischen Sprachen erreichen können. Man darf aber deshalb weder die Vorzüge der neueren Sprachen an sich herabsetzen noch andererseits den tiefgreifenden Unterschied zwischen synthetischem und analytischem Sprachbau in der Weise zu beseitigen suchen, wie es neuerdings vielfach geschieht. Hierüber bieten nach den grundlegenden Erörterungen von Aug. Fuchs, 'die romanischen Sprachen in ihrem Verhältnifs zum Lateinischen, Halle 1849', von Neueren u. A. beachtenswerthe Bemerkungen Heyse, 'System der Sprachwissensch., Berl. 1856 S. 195 ff. 216 ff.', Steinthal, Charakteristik der hauptsächlichsten Typen des Sprachbaues, Berl. 1860' S. 9 ff. u. ö., 'Gesch., Philol., Psych.' S. 27 u. ö., M. Müller, *lectures* I[5] 189 f., 214 ff., II[2] 275, Whitney a. O. 279 ff. Aufserdem gehören hierher Eimele, 'die wesentlichsten Unterschiede der Stamm- und abgeleiteten Sprachen, Berl. 1862' und Scholle, 'über den Begriff Tochtersprache, Berl. 1869', worin im Anschlufs an Fuchs der geschickt geführte Nachweis versucht wird, dafs zwischen den romanischen Sprachen speciell dem Französischen und Lateinischen kein Bruch der organischen Entwicklung stattgefunden habe und dafs die unpassend sogenannten „Tochtersprachen" den älteren „Stammsprachen" an äufseren und inneren Vorzügen nicht eben nachstünden. Einzelne Punkte besprechen Steinthal in Herrig's Archiv für d. Stud. der neueren Sprachen XXXVI (1864) S. 129 ff. und vielfach im Anschlufs an Scholle A. Benecke, ebd. XLV (1869) S. 337 ff. Durchaus an der Oberfläche bewegt sich F. Mösch, 'die neueren Sprachen und ihr bildendes Element, Kempten 1870.' Uebrigens ist die beliebte, zuweilen mit unglaublicher Leichtfertigkeit verfochtene These, dafs „die neueren Sprachen zur Erlangung einer gründlichen formalen Geistesbildung ein vollberechtigtes Aequivalent (sic!) für die altclassischen Sprachen bieten" nicht selten nur eine falsche Consequenz des nach anderer Seite wohlbegründeten Aufstrebens der höheren Realschulen, und es mag für manchen Fachmann oder solche, die sich dafür halten, beschämend sein, wenn sie sich über wesentliche Punkte von einsichtsvollen Naturforschern belehren lassen können. Wenigstens dürfte das Urtheil von Helmholtz a. O. I, 18 nicht ohne Interesse sein: „die beiden classischen Sprachen, Griechisch und Lateinisch, haben neben ihrer aufserordentlich feinen künstlerischen und

44

logischen Ausbildung den Vorzug, den die meisten alten und ursprünglichen Sprachen zu theilen scheinen, dafs sie durch sehr volle und deutlich unterschiedene Flexionsformen das grammatische Verhältnifs der Worte und der Sätze zu einander genau bezeichnen. Durch langen Gebrauch wurden die Sprachen abgeschliffen, die grammatischen Bezeichnungen im Interesse praktischer Kürze und Schnelligkeit auf das Nothwendigste zurückgeführt und dadurch unbestimmter gemacht. Das läfst sich auch von den modernen Sprachen im Vergleich zu dem Lateinischen deutlich erkennen; am weitesten ist in dieser Richtung des Abschleifens das Englische vorgeschritten, darin scheint es mir auch wesentlich zu beruhen, dafs die modernen Sprachen als Unterrichtsmittel viel weniger geeignet sind als die älteren." Schon der Umstand, dafs wir uns jene, weil sie uns viel näher liegen, viel leichter und schneller aneignen als diese, sollte darüber keinen Zweifel lassen. Vgl. oben Anm. 4.

³⁰) Eben darum, weil die Beispiele sich fast auf jeder Seite finden, ist es nicht nöthig, solche hier anzuführen, zumal da man manche besonders charakteristische schon anderwärts z. B. bei G. Curtius, 'Grundz. d. gr. Et.³ S. 11' zusammengestellt findet. Dafs etwa die ἥρωες dem Schüler noch immer als die „Herrn (heri)" vorgestellt werden und dgl. m., ist bei Weitem nicht das Schlimmste, die von Curtius gewählten Beispiele zeigen viel schlagender, zu wie lächerlichen Irrthümern jenes πρῶτον ψεῖδος führen kann, das er mit Recht „in einer grundfalschen Ansicht von dem Wesen menschlicher Sprache und von der Entstehung der classischen Sprachen" sucht. Inzwischen macht sich, wie die neusten Leistungen auf dem Gebiete der Homerliteratur zeigen, das Bedürfnifs immer mehr geltend, den Forderungen der Wissenschaft gerecht zu werden. Nicht nur in dem von einer Anzahl jüngerer Gelehrter begonnenen gröfseren *lexicon Homericum*, welchem man in dieser Beziehung nur etwas mehr Kritik und Selbständigkeit wünschen möchte, sollen nach den vorliegenden ersten Heften die Resultate sprachwissenschaftlicher Forschung umfangreich benutzt werden, sondern diese haben auch, in welcher Weise immer, in Schulausgaben (Ameis, V. H. Koch u. a.) und Schulwörterbücher (Seiler) Eingang gefunden. Allzukühnen Illusionen darf man sich freilich dabei nicht hingeben, so lange selbst verdiente Homeriker wie Jacob La Roche die Bedeutung der vergleichenden Grammatik für Homer gänzlich zu verkennen im Stande sind, ja dieselbe sogar, wenigstens für die Textkritik, abweisen zu dürfen glauben. So weit gehen glücklicher Weise nicht alle Gegner dieser Studien, hat doch jüngst ein Schulmann, der sich sonst mit Händen und Füfsen gegen „die rationelle Basis und die fundamentale Ratio" der neueren Grammatik sträubt, F. Reuter (vgl. Anm. 33), sich zu dem Bekenntnifs gedrungen gefühlt, die vergleichende Grammatik biete dem Lehrer „des Anregenden eine solche Fülle gerade im griechischen Unterricht verwendbarer Schätze,

welche zumal im Homer auch die Schüler aus den neuen Lexicis an ihn heranbringen, dafs, selbst wenn er die Ohren verstopfen wollte, das Präparationsbuch des Schüler's ihm die Augen öffnete." In der That, die Gefahr solcher Verlegenheiten wächst mit jedem Tag für den Lehrer, der es fernerhin unterläfst, von den neueren sprachwissenschaftlichen Studien Kenntnifs zu nehmen.

[31]) Wenn oben S. 17 die Laute als die einfachsten materiellen Bestandtheile bezeichnet wurden und hier die Wurzeln letzterreichbarer Elemente aller Sprache heifsen, so ist natürlich für die Sachverständigen kein Widerspruch. Denn erst den Wurzeln kommt Bedeutung zu, den Lauten als solchen nicht, weshalb die Sprache eigentlich erst mit jenen beginnt. Vgl. darüber Max. Müller, *lectures* II² 75 f.

[32]) Denn diese leugnen und alles Alte, auch wenn es sich bewährt hat, umstofsen zu wollen, wäre natürlich eben so verkehrt als aus lauter Respect vor der Tradition „die neue Richtung" bei aller Anerkennung ihrer wissenschaftlichen Leistungsfähigkeit abzuweisen. Dafs Letzteres aber möglich sei, zeigt u. A. E. Herzog, 'das Recht der traditionellen Schulgrammatik gegenüber den Resultaten der vergleichenden Sprachforschung, Stuttgart 1867', worin schliefslich der würtembergischen Lateinschule Indemnität zugesichert wird, wenn sie „der neuen Richtung" ablehnend mit dem Worte entgegentreten sollte : *noli turbare circulos meos*! Nur Schade, dafs diese Kreise nicht die Kreise des Archimedes sind und jener fremde Eindringling nicht ein wüster Störenfried sondern eine Wohlthäterin ist, welche die alte vielfach schwach gewordene Methode des Unterrichts neu beleben und erfrischen will! Vgl. über manche unhaltbare und unbegründete Behauptung Herzog's G. Stier, 'Zeitschr. f. Gymnasialw. XXIII (1869) S. 97 ff.'

[33]) Die Einführung von Resultaten der vergleichenden Sprachforschung in die griechische Schulgrammatik durch Gg. Curtius im Jahr 1852 war für die gesammte philologische Praxis ein Ereignifs von viel zu hervorragender Bedeutung als dafs sie nicht die lebhafteste Bewegung auf Seiten der Schulmänner hätte hervorrufen sollen. Seitdem hat es denn auch nicht an theoretischen Erörterungen für und wider, nicht an praktischen Versuchen und an Nachahmungen der verschiedensten Art gefehlt, namentlich ist neuerdings die Zeitschrift für Gymnasialwesen der Schauplatz des Streites gewesen, wo u. A. Ant. Göbel Jhrg. XVIII (1864) 440 ff., Lattmann XIX (1865) 881 ff., XX (1866) 699 ff., G. Stier XXIII (1869) 97 ff. 439, 579' am Entschiedensten für die neue Richtung sprachen, Aken XX 657 ff. am Meisten dagegen eiferte. Auch in anderen Zeitschriften wie in Langbein's pädag. Archiv VIII (1866) 1 ff., IX (1867) 650 ff., XI (1869) 177 ff. und besonderen Monographien sind bis auf die neuste Zeit entgegengesetzte Meinungsäufse-

rungen laut geworden. So vermag zwar F. Reuter, 'ein Referat über Curtius' griechische Schulgrammatik, Kiel 1870' den Werth der neuen Grammatik nicht in Abrede zu stellen, aber, indem er in ernstlicher Besorgnifs, die Schulverwaltung möge „unweigerlich Sanskrit für die Facultas zum griechischen Unterricht postuliren" alle sprachvergleichenden Studien perhorresciert, überläfst er sie doch Andern zur geneigten Beachtung und findet so einen bequemen Ausweg aus dem Dilemma. Wenn er sich aber gar auf Grimm beruft, der doch für die germanische Philologie gerade das anbahnte und in eminentem Sinne selbst leistete, was wir für die classische erstreben, wenn er dann noch bei seiner eignen Unklarheit von „Sichtung der verworrenen Meinungen" zu reden wagt, so zeigt dies nur, dafs man auch mit der Miene eines competenten Beurtheilers über Dinge zu urtheilen versuchen kann, ohne sie gehörig zu verstehen, und klingt fast wie Ironie auf seine eignen Herzensergiefsungen. Von ganz anderem Verständnifs der wesentlichen Fragen zeugt das Programm von Jul. Lattmann, 'die durch die neuere Sprachwissenschaft herbeigeführte Reform des Elementarunterrichts in den alten Sprachen, Clausthal 1871', worin dem Unterricht nach der neuen Methode die drei Momente des Mnemonischen, Rationellen und Anschaulichen vindicirt werden, während der nach der alten vorwiegend auf die eine Seite des Mnemonischen beschränkt sei. Dafs der ohnehin immer schwächer werdende Widerstand gegen die neue Grammatik allmählich ganz erlöschen werde, namentlich wenn einmal mehr die jüngeren Generationen, die durch Schule und Universität in den neueren Anschauungen gleichsam aufgewachsen sind, in das Lehramt eintreten, ist wohl kaum eine allzukühne Hoffnung. Inzwischen mag zur Stütze derselben ein Rückblick auf die Fortschritte dienen, welche die Verbreitung der Curtius'schen Grammatik seit ihrem ersten Erscheinen gemacht hat. Nach dem Prospect zur siebenten Auflage (1866) waren bis dahin im Ganzen 52000 Exemplare gedruckt und war diese Grammatik an 97 öffentlichen Lehranstalten in 92 Städten eingeführt, die letzte neunte Auflage (1870) gieng nach freundlicher Mittheilung des Verlegers allein in 15000 Exemplaren in die Welt, während die achte 10000, die siebente 8000 Exemplare zählte, und jetzt ist das Buch bereits in 47 weiteren (also im Ganzen 139) Städten eingeführt. Aufserdem hat Curtius' Schulgrammatik durch Uebersetzung in fremde Sprachen nunmehr Eingang in fast sämmtliche Culturländer Europa's und in Nordamerika gefunden. An Uebersetzungen liegen vor : eine englische (autorisierte) London, Murray (angekündigt ist eine solche für Nordamerika New-York, Harper brothers und eine andere im Auszug ebendas.), eine italienische (autorisierte) Vienna, Gerold, sammt drei andern nicht autorisierten , eine böhmische (autorisierte) Prag, Tempsky, eine ungarische Pesth, Kilian, eine norwegische (autorisierte) Christiania, Joh. Dahl's Forlag, eine schwedische der Formenlehre, Stockholm, Hiertas

Förlag, eine neugriechische der Syntax, eine holländische der Syntax, eine polnische (autorisierte) und zwei russische. Auch die 'Erläuterungen zu meiner Schulgrammatik von G. C. Prag 1863 (1870)' liegen bereits in italienischer und englischer Uebersetzung vor. Eines ähnlichen Erfolgs hat sich wohl kaum noch ein Schulbuch zu rühmen gehabt.

[34]) Die pädagogische Section der 25. Philologenversammlung zu Halle, wo (vgl. Verhandl. S. 94 ff.) abermals die Frage discutiert wurde : in wieweit sind die Resultate der vergleichenden Sprachwissenschaft für die Schule zu verwerthen? gelangte schliefslich für das Lateinische zu einer *vorläufigen* Ablehnung derselben in der Form der angenommenen These „der Unterricht in der lateinischen Formenlehre ist für jetzt wie bisher zu ertheilen", jedoch nicht ohne dafs Eckstein dies ausdrücklich damit motiviert hatte, dafs ein befriedigender Versuch der Art bis jetzt nicht vorliege. Allerdings ist die lateinische Grammatik von Müller und Lattmann die einzige, welche einigermaafsen dem praktischen Bedürfnifs entspricht, aber sie ist eben nur ein Elementarbuch für den ersten Anfang. Inzwischen haben neuere Versuche den Erwartungen nicht entsproçhen, und wir müssen die 'Elementar- und Formenlehre der lateinischen Sprache von H. Schweizer-Sidler, Halle 1869' und die 'lateinische Grammatik für Gelehrtenschulen von Schmitt-Blank, Mannheim 1870', worüber das Nähere im liter. Centralbl. 1871 Sp. 828, hauptsächlich deshalb für praktisch unbrauchbar erklären, weil sie die wissenschaftlichen Resultate zu unvermittelt und unverarbeitet der Schule überliefern, während sie doch nach Lattmann's richtiger Bemerkung im Lateinischen noch weit mehr in eine elementare Form umgesetzt werden müssen als im Griechischen. Es liegt daher auf dem Gebiete der lateinischen Grammatik bis jetzt keine Leistung vor, welche der von Curtius auf dem Gebiete der griechischen auch nur annähernd entspräche. Einzelne wichtigen Punkte bespricht neuerdings E. von Sallwürk, 'die wissenschaftliche Behandlung der lateinischen Schulgrammatik' in d. Zeitschr. f. Gymn. Wes. XXV (1871), S. 465 ff.

[35]) Auch diese Gedanken sind noch lange nicht genug Gemeingut geworden und noch nirgends in ihrer ganzen Tragweite und mit voller Consequenz verfolgt. Aber schon aus dem Gesagten wird erhellen, wie nahe die Methode der neueren Sprachforschung der der exacten Naturwissenschaft kommt und wie sehr sie geeignet ist, die neuerdings (s. Anm. 36) oft betonten Gegensätze zwischen diesem und dem philologischen Unterricht zu versöhnen. Unter den heutigen Schulmännern und Vertretern der neuen Richtung hat Lattmann in d. Zeitschr. f. Gymn. Wes. XIX (1865) S. 895 f. am Entschiedensten hierauf hingewiesen, und mit Recht bemerkt Curtius 'Erläut.' S. 4 Anm. im Betreff solcher Bestrebungen, darin eine „Concession an den Realismus" zu erblicken, scheine ihm eine höchst beschränkte und veraltete Anschauungsweise. In seinem

48

bereits erwähnten neuesten Programm hat dann Lattmann die anderen
berührten Vorzüge dieser Sprachbetrachtung treffend erläutert. „Denke
nach, bilde die Form" werde der Lehrer der neuen Methode von dem
Schüler verlangen, der eine solche vergessen hat, während der Lehrer
alten Schlages nur an sein Gedächtnifs appelliren konnte. Auch die
Möglichkeit der Veranschaulichung an concreten Beispielen, die Möglichkeit, die Form auf der Tafel successive vor den Augen des Schülers
entstehen zu lassen, ist gewifs nicht gering anzuschlagen. Endlich ist
der Gesichtspunkt der Zeitersparnifs, den Lattmann S. 13 ff. hervorhebt, höchst beachtenswerth und wichtig, wiewohl seine positiven Vor-
schläge in dieser Richtung etwas kühn und in mancher Beziehung ver-
früht erscheinen mögen.

³⁶) Helmholtz a. O. 23 betont die Nothwendigkeit, strengere
Schulen des Denkens durchzumachen als die Grammatik zu gewähren
im Stande sei. „Was mir, führt er fort, in eigner Erfahrung bei den
Schülern, die aus unseren grammatischen Schulen zu naturwissenschaftlichen und medicinischen Studien übergehen, aufzufallen pflegt, ist erstens
eine gewisse Laxheit in der Anwendung streng allgemein gültiger Gesetze.
Die grammatischen Regeln, an denen sie sich geübt haben, sind in der
That meist mit langen Verzeichnissen von Ausnahmen versehen; sie sind
deshalb nicht gewöhnt, auf die Sicherheit einer legitimen Consequenz eines
streng allgemeinen Gesetzes unbedingt zu trauen. Zweitens finde ich
sie meist zu sehr geneigt, sich auf Autoritäten zu stützen, auch wo sie
sich ein eignes Urtheil bilden könnten. In den philologischen Studien
wird in der That der Schüler, weil er selten das ganze Material übersehen kann und weil die Entscheidung oft von dem ästhetischen Gefühl
für die Schönheit des Ausdrucks und den Genius der Sprache abhängt,
welches längere Ausbildung erfordert, auch von dem besten Lehrer auf
Autoritäten verwiesen werden müssen. Beide Fehler beruhen auf einer
gewissen Trägheit und Unsicherheit des Denkens, die nicht blofs späteren
naturwissenschaftlichen Studien schädlich sein wird." Aus diesen Worten
geht hervor, dafs damit zunächst syntaktische und stilistische Erörterungen gemeint sind, und in dieser Beziehung liegt in ihnen etwas Wahres,
aber wir würden trotzdem die Frage aufwerfen, wieviel zu solchem Urtheile theoretische Construction und wieviel unbefangene Beobachtung
beigetragen habe, wenn uns nicht einem Manne wie Helmholtz
gegenüber eben unser — Autoritätsglaube hinderte. Dafs auch die
Sprache ihre Gesetze hat, die mit Naturgewalt wirken und von den
willkürlichen Einflüssen eines selbstbewufsten Menschengeistes nicht
berührt werden, dafs namentlich die Betrachtung ihres Formenbaues uns
den Einblick in einen grofsartigen und wunderbaren Naturorganismus
gewährt, dafs auch der modernen Sprachwissenschaft „unbedingte Ach-
tung vor den Thatsachen und Treue in ihrer Sammlung, ein gewisses

Mifstrauen gegen den sinnlichen Schein, das Streben überall nach einem
Causalnexus zu suchen und einen solchen vorauszusetzen", eigen ist,
diesem Allem seine Anerkennung zu versagen wird Helmholtz gewifs
der Letzte sein. Auf der andern Seite ist nicht zu leugnen, dafs auch
die Naturwissenschaften nicht immer im Stande sind, einen strengen
Causalnexus zu erkennen, der keine Ausnahmen duldet, sondern dafs
auch sie sich begnügen müssen, Erscheinungen als unerklärt und unab-
rechenbar in ihrem Eintritt hinzunehmen. Trotzdem wollen wir aus
diesen Bemerkungen keine praktische Consequenz gezogen wissen, am
allerwenigsten die, dafs wir nicht mit Helmholtz die „mathematischen
Studien als die Repräsentanten der selbstbewufsten logischen Geistes-
thätigkeit" ihren Einflufs auf die Schulbildung gestatten möchten und
sie als nothwendige und willkommene Ergänzung der historisch-philolo-
gischen ansähen. Einsichtsvolle Pädagogen wie Lattmann, 'Concentr.'
S. 79 ff. 110, 127 f. betonen dies sogar ausdrücklich.

[37]) Am Eingehendsten hat sich über das Verhältnifs der allgemeinen
Sprachwissenschaft zur Philologie geäufsert Schleicher, 'die deutsche
Spr.' S. 118 ff., wo sich neben manchen richtigen und treffenden Ge-
sichtspunkten auch manche schiefe und unhaltbare Behauptung ausgesprochen findet, Schleicher's Gröfse beruht wahrlich weder in solchen all-
gemeineren Betrachtungen noch in seinem Materialismus, aber wir können
ihm widersprechen, ohne ihn darum zu verunglimpfen. Der dort u. A.
aufgestellte Vergleich des „Glottikers" als des Naturforschers mit dem
Botaniker und des Philologen mit dem Gärtner hinkt stark und wird
von letzterem als wenig schmeichelhaft mit Grund abgelehnt werden
dürfen. Noch mehr befremdet die Behauptung, nur der Sprachwissenschaft sei die Sprache Selbstzweck. „Der Philologie aber etwa nicht?"
fragt mit Recht dagegen Steinthal, 'Philol., Gesch. u. Psych.' S. 21,
der dort überhaupt Schleicher's betreffende Auseinandersetzung einer
scharfen Kritik unterwirft. Weiter gehende sprachwissenschaftliche
Studien hat wohl auch Pott nicht von dem Philologen verlangt, wenn
er 'die Sprachverschiedenheit in Europa, an den Zahlwörtern nachge-
wiesen, Halle 1868' S. 4 klagt : „Oder wäre es denn eine Unwahrheit
zu behaupten, wie man selbst im Kreise derjenigen, welche doch täglich
gleich uns Sprachforschern von Fach — wenn schon nicht in der näm-
lichen Weise — mit Sprachen Umgang zu pflegen haben (natürlich können
nur die Philologen gemeint sein) jenseits Alles dessen, was die Rede Griechenlands und Roms betrifft, ja auch innerhalb, noch häufig auf eine
schwer zu rechtfertigende Unkenntnifs, ja selbst nicht selten auf gänzliche Interesselosigkeit stöfst mit Bezug auf Sprachen- und Völkerverhält-
nisse auch nur in unserm Europa?"

[36]) Männer, die wie Bopp, Pott und Schleicher alle indogermanischen Sprachen mit gleicher Meisterschaft umfassen, werden für die

4

Zukunft immer seltener sein. Darum hat auch eine Generation jüngerer Gelehrter sich in Schleicher's Erbschaft mehr getheilt und treibt von verschiedenen Standpunkten aus sprachvergleichende Studien. Zur Basis wählten das Sanskrit Delbrück in Jena und Windisch in Leipzig, der zugleich das Altirische in den besonderen Bereich seiner Studien gezogen hat, das Germanische in weitestem Umfange W. Scherer in Wien, das Litauische und Germanische Johannes Schmidt in Bonn, das Slavische Leskien in Leipzig. Uebrigens ist die gleichmäfsige Kenntnifs aller indogermanischen Sprachen bei etymologischen Fragen, wo vielfach nicht immer (vgl. Anm. 40) das Lexicon für die Geschichte einer Wortform genügendes Material liefern kann, minder schwierig als da, wo es sich um die Verfolgung complicierter grammatischer Probleme und um Beherrschung des gesammten Formenschatzes einer Sprache bis ins Einzelne handelt. Darum konnte ein jüngerer Schüler Th. Benfey's, Aug. Fick in seinem 'vergleichenden Wörterbuch der indogermanischen Sprachen, 2. Aufl., Göttingen 1870/71' eher die Gesammtheit aller dieser Sprachen umfassen, während ein anderer, Leo Meyer, in seinen grammatischen Schriften zur Vergleichung deren zunächst nur drei oder vier (Sanskrit, Griechisch, Lateinisch und eventuell Gothisch) heranzog. Wer demnach das Griechische und Lateinische zum Ausgangspunkt seiner comparativen Studien macht, wird schon durch die Gröfse des Stoffs sich nothgedrungen auf diesen engeren Kreis hingewiesen sehen. So hatte auch G. Curtius in seiner ersten gröfseren Schrift : 'die Bildung der Tempora und Modi im Griechischen und Lateinischen, Berlin 1846', zunächst nur das Sanskrit heranzuziehen nöthig, um die Formenbildung der beiden classischen Sprachen in dem neuen Lichte der vergleichenden Betrachtung zu zeigen. Dieser engere Kreis ist dann aber auch nicht so grofs, dafs er sich nicht bis zu einem Grade beherrschen liefse, welcher zum Verständnifs der Ergebnisse neuerer Sprachwissenschaft vollkommen ausreicht. Schon die griechische und lateinische Formenlehre an sich läfst sich in einer Art darstellen, die von selbst in die Betrachtungsweise der vergleichenden Grammatik einführt, ohne eine ausgedehnte Kenntnifs der verwandten Sprachen vorauszusetzen. Wenn aber auch wirklich unsere studierende Jugend sich die Elemente des Sanskrit und allenfalls noch des Gothischen aneignet, so führt dies von den eigentlich classisch-philologischen Studien nicht weiter ab als etwa Vorlesungen über besondere Abschnitte aus der neueren Geschichte, der Philosophie, Nationalökonomie oder sonstige propädeutische Collegien, dergleichen namentlich auf gröfseren Universitäten oft genug gehört werden. Andererseits ist nicht zu übersehen, dafs auch die Elemente des Sanskrit jetzt von Orientalisten, die mit der neuesten Entwickelung der Sprachwissenschaft fortgeschritten sind, in einer dem allgemeinen Verständnifs näher liegenden Weise zu lehren sind, als es Bopp selbst auf den ersten Wurf gelingen konnte. Daher wird dem Einzelnen weder zu Viel noch

eine Zersplitterung seiner Kräfte zugemuthet, die ihn das wahre Wort
des Seneca fürchten lassen könnten : *nusquam est qui ubique est.*

³⁹) Daraus ergiebt sich, dafs jene drei grofsen Errungenschaften der
Wissenschaft auch andern Gebieten der classischen Philologie zu Gute
gekommen sind, und man braucht blofs daran zu erinnern, welchen Gewinn die historisch-antiquarischen Studien aus der Bearbeitung der Inschriften gezogen haben. Mit welchen Entdeckungen auch nach dieser
Seite hin „der Retter des Plautus" die Wissenschaft bereichert hat, ist
hier nicht zu erörtern, nur in Bezug auf die sprachwissenschaftlichen
Ergebnisse seiner Studien mag in der Kürze auf die dankenswerthe Zusammenstellung verwiesen werden von O. Ribbeck, 'über Ritschl's
Forschungen zur lateinischen Sprachgeschichte', Jahrb. f. Philol. u. Päd.
75 (1857) S. 305 ff., 77 (1858) S. 177 ff. Seitdem ist Ritschl mit
ungebrochener Kraft und jugendlicher Frische auf diesem Gebiete thätig
gewesen, und eine neue Zusammenstellung würde eine neue Reihe nicht
minder wichtiger Ergebnisse seiner Forschungen zu verzeichnen haben.

⁴⁰) Darauf habe ich bei einzelnen Fällen dieser Art mir hinzuweisen
erlaubt in Curtius' 'Studien zur griech. u. lat.-Gram. III (Leipz. 1870)'
S. 342 f. und in Ritschl's *Acta societ. philol. Lips.* I (Lips. 1871) S. 77 f.

⁴¹) Die Ausdrücke „historisch-kritisch" und „historisch-comparativ"
sind absichtlich gewählt, weil beide Richtungen der grammatischen
Forschung, jede in anderer Beziehung aber beide mit gleichem Recht,
beanspruchen, für historisch zu gelten. Ohne hier die wechselseitige
Berechtigung weiter zu prüfen, sei es nur erlaubt, ihr Zusammenwirken
an zwei Beispielen zu erläutern. — Die vergleichende Grammatik hatte
gefunden, dafs der im Lateinischen noch erhaltene aber im Griechischen
abgestorbene Casus des Ablativ's, wie das Sanskrit und Zend noch deutlich zeigten, auf einen T-Laut geendigt haben müsse und erlaubte sich
diesen Rückschlufs auf das Lateinische, auch ohne einen concreten Fall
der Art nachweisen zu können. Auf der andern Seite hatte man längst
auf *d* auslautende Wortformen im Latein selbst kennen gelernt, und
namentlich lieferten die immer mehr herangezogenen Inschriften eine
Reihe sicherer, unantastbarer Beispiele (der Senatsbeschlufs über die
Bacchanalienverschwörung aus dem J. 186 v. Chr. hat deren allein 17),
aber erst Grotefend, mag ihn schon das Oskische darauf geführt haben
oder nicht, gelang es im J. 1826, die für die Casusbildung bedeutsame
Erkenntnifs anzubahnen, dafs jenes früher sogenannte „paragogische"
d nur dem Ablativ zukomme und dafs die Grundform dieses Casus ursprünglich allgemein so im Lateinischen ausgelautet habe, mithin überall
jenes ursprüngliche *d* abgefallen sein müsse. Dafs keine dieser beiden
Erkenntnifsweisen der andern für die Sicherstellung der angeführten
Thatsache bedurft hätte, ist gewifs, aber durch ihr Zusammentreffen wurde
diese zu um so gröfserer Evidenz erhoben. Vgl. besonders Ritschl,

'neue plautin. Excurse I (Leipz. 1869)' S. 1 ff. Trotz alledem konnte noch 1845 Fr. Osann in seiner *commentatio grammatica de pronominis tertiae pers. is, ea, id formis* (Gottingae) p. 26 jene Annahme für durchaus unwahrscheinlich erklären, so dafs Curtius in der Zeitschr. f. Alterthw. 1846 S. 751 ff. auf die Frage ausführlich eingehen mufste, worauf weitere Erörterungen in der Beilage z. d. Zeitschr. Nov. 1846 folgten. Diese Polemik ist wohl geeignet, in die Anschauungsweise jener Zeit einzuführen, und es ist um so weniger überflüssig, hier daran zu erinnern, als jener Standpunkt leider noch keineswegs völlig überwunden ist, namentlich nicht von denjenigen „Philologen", die sich mancher unbequemen Erörterung ähnlicher Art dadurch entziehen möchten, dafs sie mit affectierter Geringschätzung die sprachvergleichenden Studien als nicht zur Philologie gehörig abzuweisen suchen.

In anderer Weise dienten einander beide Richtungen in folgendem Fall zu Ergänzung. Schon längst hatte man bemerkt, dafs die Präposition *con* in gewissen Zusammensetzungen ihr *n* einbüfse, aber dafs dies vor anlautenden *n* geschähe, schien aller Analogie und aller ratio zu widersprechen. Nun ergab gleichwohl eine nähere hier nicht weiter zu characterisierende Untersuchung, dafs die vier Wörter *co-nectere*, *co-niti*, *co-nivere* und *co-nubium* in classischer Zeit nie anders als mit einfachem *n* geschrieben worden waren, worin, so unwesentlich es dem Laien erscheinen könnte, doch alsbald eine werthvolle sprachgeschichtliche Thatsache erkannt wurde. Es zeigten nämlich die inzwischen aus Glossen herangezogenen Formen *gnixus* und *gnitus*, dafs mindestens zwei jener Wörter einen Guttural vor ihrem *n* eingebüfst hatten, und dafs mithin das *n* der Präposition nicht vor einem andern *n* sondern vor jenem *g* ausgefallen war, wofür sich sofort eine Reihe von Analogien anführen liefs. Vgl. Ritschl, *opusc. philol.* II 448 ff. Weiter konnte man aber auch auf diesem Wege nicht gelangen, während doch die ratio noch nach zwei Seiten hin zu weiterer Verfolgung einlud. Einmal nämlich war jetzt der etymologischen Deutung jener Wörter eine feste Handhabe durch die Erkenntnifs geboten, dafs zwischen den beiden *n* (der Präpos. und des Anlauts) ein anderer Consonant ausgefallen sein müsse (ob überall *g*, ist wieder eine andere Frage), sodann war der lautliche Vorgang selbst von Interesse, weil er sich unter die oben Anm. 28 berührte weitverzweigte Erscheinung der sogenannten „Ersatzdehnung" einreiht. Warum also gerade der Nasal in dieser Weise verloren gieng, warum gerade vor *g* und nicht ebenso leicht vor *n*, wie überhaupt dieser Procefs vor sich gieng, dies sind Fragen, welche die frühere Grammatik nicht einmal zu stellen, geschweige denn zu beantworten verstand, deren Tragweite aber für die Lautlehre und Formenbildung heutzutage Niemand mehr verkennen darf. Vgl. Brugman a. a. O. 105 ff. Das Einzelne dieser weitschichtigen Untersuchungen hier zu verfolgen, würde zu weit führen, die gegebenen Andeutungen mögen genügen, um zu zeigen, wie auch hier zwei verchiedene Richtungen der Forschung trotz mannigfacher Gegensätze einnder fördern und unterstützen können. Vielleicht wird einst die Geschichte er Wissenschaft die Bedeutung auch dieser Gegensätze für die fortchreitende Erkenntnifs der Wahrheit ähnlich zu verzeichnen haben, wie ies für die verschiedenen Ansichten von der Sprache überhaupt sehr ichtig gezeigt hat L. Lange, 'die Bedeutung der Gegensätze in den ansichten über die Sprache für die geschichtliche Entwickelung der iprachwissenschaft, Giefsen 1865.'

42) Seine Ansichten darüber hat Curtius zuerst dargelegt in der ichrift 'die Sprachvergleichung in ihrem Verhältnifs zur classischen Philologie, 2. Aufl. Berlin 1848', worin auch eine gedrängte Schilderung er Methode der vergleichenden Grammatik und eine kurze Zusamnenfassung der bis damals erreichten Hauptresultate gegeben wird, später a seiner Leipziger Antrittsrede 'Philologie und Sprachwissenschaft, Leipzig 862', mit deren Auffassung wesentlich übereinstimmt K. Schenkl, Werth der Sprachvergleichung für die classische Philologie, Gräz 1864.' lufserdem hat sich Curtius über principielle Fragen in seinen Schriften ift genug ausgesprochen und durch diese selbst gezeigt, ein wie grofser lewinn der Grammatik der classischen Sprachen aus der neuen Methode rwächst. Dafür sprechen auch die von ihm mehr oder minder becinlufsten Arbeiten Anderer, besonders diejenigen, welche unter dem Fitel 'Studien zur griechischen und lateinischen Grammatik, Leipzig 868 ff.' (bis jetzt vier Bände) alljährlich erscheinen. Der Hinweis auf lie von Curtius verfafsten und angeregten Schriften kann zugleich als Erläuterung zu dem dienen, was oben S. 24 über die Schwierigkeit, ;ewisse Grenzlinien nach den verschiedenen Seiten zu finden, gesagt vorden ist und was sich natürlich zunächst auf die rein wissenschaftliche 'orschung bezieht. Dafs daraus keinerlei praktische Consequenzen zu :iehen seien, lehrt schon Anm. 38. — Nachdem übrigens bereits 1850 lie elfte Versammlung deutscher Philologen und Schulmänner in Berlin (vgl. /erh. S. 18) aus Böckh's eignem Munde die unumwundene Erklärung latte hören können, dafs „sich bei dem gegenwärtigen Stand der Sprachorschung die Grammatik der classischen Sprachen nicht mehr der Veriudung mit der vergleichenden Grammatik der indogermanischen Sprachen ntschlagen" könne, haben inzwischen auch andere Vertreter der classichen Philologie an deutschen Hochschulen von selbst das Bedürfnifs ;efühlt, der vergleichenden Grammatik näher zu treten, freilich in sehr erschiedener Weise und mit sehr verschiedenem Erfolg. So sind ichweizer-Sidler in Zürich, Schenkl in Gräz, Christ in München, lülg in Innsbruck, Kvíčala in Prag, Ludwig in Prag, Grasberger n Würzburg, Herzog in Tübingen zu nennen, manche haben sich auch us äufseren Anlässen von dieser Richtung, nachdem sie dieselbe, wie L. Jange in Leipzig und Schwabe in Dorpat, mit entschiedenem Erfolg

eingeschlagen hatten, mehr anderen Aufgaben zugewandt, wiederum haben solche, deren Arbeitsfeld sonst ein anderes ist, da, wo sie den Ergebnissen der vergleichenden Sprachforschung begegnen mufsten, dieselben wenigstens gebührend berücksichtigt, wie Bücheler in Bonn und neuerdings Hartel in Wien, beide für ganz verschiedene Gebiete. Die nächste Entwickelung der classischen Philologie mag zeigen, von welcher Bedeutung diese Bestrebungen für ihre Zukunft und ihr ferneres Gedeihen sein werden.

Druck von Wilhelm Keller in Giefsen.

In gleichem Verlage sind erschienen:

Aeschyli quae supersunt tragoediae ed. Henricus Weil. 2 vol. gr. 8. 1867.   Rthlr. 4. 24 Ngr.
- I 1. Agamemno. 24 Ngr.
- I 2. Choephori. 20 Ngr.
- I 3. Eumenides. 20 Ngr.
- II 1. Septem contra Thebas. 20 Ngr.
- II 2. Prometheus vinctus. 20 Ngr.
- II 3. Supplices. 20 Ngr.
- II 4. Persae. 20 Ngr.

Benloew, Louis, recherches sur l'origine de noms de nombre japhétiques et semitiques. gr. 8. 1861.   20 Ngr.

Catulli, G. Valeri, liber. Ludov. Schwabius recognovit et enarravit. vol. I, pars 1. Etiam sub tit. : Ludov. Schwabii quaestionum Catullianarum liber I. gr. 8. 1862.   Rthlr. 2.
— — vol. II, pars 1. 1866.   Rthlr. 1. 20 Ngr.

Clemm, Vil., de compositis graecis quae a verbis incipiunt. Dissertatio inauguralis. gr. 8. 1867.   24 Ngr.

Fritsch, F. A., de casuum obliquorum origine et natura deque genitivi singul. numeri et ablativi graecae latinaeque declinationis conformatione Dissertatio. gr. 4. 1845.   5 Ngr.
— Philologische Studien. I. Bd. A. u. d. T. : Vergleichende Bearbeitung der griechischen und lateinischen Partikeln. I. Theil. Die Adverbien. gr. 8. 1856.   Rthlr. 1. 10 Ngr.
— II. Bd. A. u. d. T. : Vergleichende Bearbeitung etc. II. Theil. Die Präpositionen. gr. 8. 1858.   Rthlr. 1. 20 Ngr.

Hainebach, J. H., de graecae linguae reduplicatione praeterperfectum. Dissertatio scholastica. gr. 4. 1847.   10 Ngr.

Haupt, R., de perfecti plusquamperfecti futuri exacti usu Euripideo. gr. 8. 1867. 12 Ngr.

Lutterbeck, Anton, bie Freunde Pinbars. Ein Vortrag. gr. 8. 1865. 10 Ngr.

Osann, Fr., Anecdotum romanum de notis veterum criticis inprimis Aristarchi Homericis et Iliade Heliconia ed. et commentariis illustravit. gr. 8. 1851. Rthlr. 2. 10 Ngr.

Rieger, M., zur Kritik der Nibelunge. gr. 8. 1855. Rthlr. 1.

— alt- und angelsächsisches Lesebuch, nebst altfriesischen Stücken. Mit einem Wörterbuche. gr. 8. 1861. Rthlr. 2. 20 Ngr.

— das Leben Walters von der Vogelweide. gr. 8. 1863. 15 Ngr.

Suetonii Tranquilli, C., de grammaticis et rhetoribus libelli ex ejusdem opere de viris illustribus superstites. Ad fidem codd. recensuit et adnotatione critica instruxit Frdr. Osannus. gr. 8. 1854. Rthlr. 1.

Thudichum, Fr., der altdeutsche staat, mit beigefügter Uebersetzung und erklärung der Germania des Tacitus. gr 8. 1862. Rthlr. 1. 10 Ngr.

Wahrmund, Ad., praktisches Handbuch der neu-arabischen Sprache (1. Theil : Grammatik; 2. Theil : Gespräche und Wortsammlung; 3. Theil : Lesebuch). gr. 8. 1861. Rthlr. 4.

— Schlüssel dazu. gr. 8. 1866. Rthlr. 1. 10 Ngr.

— praktische Grammatik der osmanisch-türkischen Sprache (1. Theil : praktische Grammatik; 2. Theil : Gespräche und Wortsammlung; 3. Theil : Lesestücke). gr. 8. 1868. Rthlr. 5. 10 Ngr.

— Schlüssel dazu. gr. 8. 1868. 20 Ngr.

Weihrich, F., de gradibus comparationis linguarum sanscritae graecae latinae gothicae. gr. 8. 1869. 16 Ngr.